Wolfgang Theophil

Konzeption eines Standardprozesses zur Dokumentendigitalisierung

GRIN Verlag

Bibliografische Information der Deutschen Nationalbibliothek:

Die Deutsche Bibliothek verzeichnet diese Publikation in der Deutschen National-
bibliografie; detaillierte bibliografische Daten sind im Internet über http://dnb.d-
nb.de/ abrufbar.

Impressum:

Copyright © 2012 GRIN Verlag GmbH
Druck und Bindung: Books on Demand GmbH, Norderstedt Germany
ISBN: 978-3-656-29688-1

Dieses Buch bei GRIN:

http://www.grin.com/de/e-book/201709/konzeption-eines-standardprozesses-zur-
dokumentendigitalisierung

GRIN - Your knowledge has value

Der GRIN Verlag publiziert seit 1998 wissenschaftliche Arbeiten von Studenten, Hochschullehrern und anderen Akademikern als eBook und gedrucktes Buch. Die Verlagswebsite www.grin.com ist die ideale Plattform zur Veröffentlichung von Hausarbeiten, Abschlussarbeiten, wissenschaftlichen Aufsätzen, Dissertationen und Fachbüchern.

Besuchen Sie uns im Internet:

http://www.grin.com/

http://www.facebook.com/grincom

http://www.twitter.com/grin_com

FOM Fachhochschule für Ökonomie und Management

Dortmund

Berufsbegleitender Studiengang zum

Bachelor of Science (Wirtschaftsinformatik)

7. Semester

Bachelor Thesis zum Thema

Konzeption eines Standardprozesses zur Dokumentendigitalisierung

Autor: Wolfgang Theophil

Dortmund, den 24. September 2012

Inhaltsverzeichnis

Abkürzungsverzeichnis

ARIS	Architektur Integrierter Systeme
BPM	Business Process Management
BPMN	Business Process Modeling Notation
CSV	Comma-Separated Value
DMS	Dokumenten Management System
DPI	Dots Per Inch
eEPK	Erweiterte Ereignisgesteuerte Prozessketten
EPK	Ereignisgesteuerte Prozessketten
ERM	Entity Relationship Modell
IS	Informationssystem
OCR	Optical Character Recognition
PDF	Portable Document Format
PGP	Pretty Good Privacy
SFTP	SSH File Transfer Protocol
TIFF	Tagged Image File Format
UML	Unified Modeling Language
XML	Extensible Markup Language

Abbildungsverzeichnis

1   Einleitung

1.1   Motivation

Unternehmen, die im Bereich der Digitalisierung von Dokumenten arbeiten, stehen täglich einer Vielzahl verschiedener Anforderungen gegenüber, die ihnen durch ihre Kunden gestellt werden. Auf den ersten Blick erscheinen die Kunden und deren Anforderungen sehr individuell, weshalb die Dienstleister ebenso individuelle Prozesse für die Lösungen der Kundenprojekte erarbeiten. Bei einer genaueren Betrachtung stellen die meisten Anforderungen jedoch Variationen von immer wiederkehrenden Anforderungen an die Digitalisierung dar. Die Erarbeitung der individuellen Prozesse steht demnach wiederholt sehr ähnlichen Problemen, Aufgaben und Lösungen gegenüber.

Neben diesem hohen Potential zur Standardisierung der Abläufe findet auf dem Markt für die Digitalisierung gleichzeitig ein Wandel statt, der die Dienstleister dazu zwingt ihre Prozesse zu optimieren, um Kosten einsparen zu können. Dieser Wandel zeichnet sich vor allem dadurch aus, dass die Anzahl der Projekte steigt, während die Losgrößen der einzelnen Projekte rückläufig sind. Durch den geringeren Umfang der Projekte wächst in den Kunden zudem eine steigende Erwartungshaltung in Bezug auf eine verkürzte Bearbeitungsdauer.

In der Praxis führen all diese Faktoren zu einer Art Massenabfertigung, bei der bereits vorhandene Prozesse auf den Prozessplattformen kopiert und danach an die Kundenanforderungen angepasst werden. Dieses Vorgehen führt zu einer unüberschaubaren Menge an individuellen Prozessen, bei deren Einführung und Anpassung auch immer wieder die gleichen Fehlerquellen zu berücksichtigen sind. Um genau dieses Vorgehen und die damit verbundenen Fehler zu minimieren, soll in der vorliegenden Arbeit ein Standardprozess geschaffen werden. Dieser Standardprozess soll hierbei sowohl die verschiedenen Anforderungen in einem gemeinsamen Prozess zusammenfassen, als auch eine Möglichkeit darstellen auf die Wandlungen des Marktes zu reagieren.

1.2   Zielsetzung

Ziel der Arbeit ist es dem Leser einen Überblick über die Dokumentendigitalisierung zu bieten. Hierzu werden die einzelnen Teilprozesse die zur Digitalisierung von Dokumenten notwendig sind beschrieben und gezeigt wie ein Digitalisierungsprozess mit Hilfe der beschriebenen Prozessschritte realisiert wird.

Nachdem der Leser einen Einblick in die Digitalisierung erhalten hat, wird dann der Standardprozess modelliert. Der Prozess soll alle Anforderungen des Digitalisierungsmarktes vereinen und gleichzeitig so konfigurierbar sein, dass mit ihm verschiedene Kundenanforderungen erfüllt werden können. Die Beschreibung und Modellierung des Prozesses soll vollständig im ARIS-Prozessmodell erfolgen, welches zur Erstellung der Arbeit ausgewählt wurde. Als Werkzeug zum Erstellen der Abbildungen soll ARIS-Express genutzt werden.

Nach der Erstellung des Standardprozesses findet dann ein Vergleich zwischen der Ausgangssituation und dem neuen Prozess statt. Hierbei ist es das Ziel zu beschreiben welche Optimierungspotentiale der neue Prozess aufweist und auch welche Chancen und Risiken mit ihm verbunden sind.

1.3   Aufbau

Die vorliegende Arbeit gliedert sich in sechs logische Bereiche. Der erste davon ist die Einleitung, bei der die Motivation zum Schreiben der Arbeit und die Zielsetzung der Arbeit vorgestellt werden. Danach folgt ein Grundlagenkapitel, in dem zuerst alle wichtigen Definitionen zum Verständnis der Digitalisierung und danach alle Grundlagen zum Verständnis des ARIS-Konzeptes beschrieben werden. Im Anschluss an die Grundlagen folgt die Beschreibung der Ausgangssituation. Hier wird beschrieben, wie die Unternehmen in der Dokumentendigitalisierung arbeiten und welchen Herausforderungen und Anforderungen sie gegenüberstehen. Außerdem werden die einzelnen Schritte, die zur Durchführung der Digitalisierung notwendig sind vorgestellt und erläutert welche Tätigkeiten mit Ihnen verbunden sind. Der vierte Abschnitt stellt den Hauptteil der Ausarbeitung dar, da in ihm der Standardprozess modelliert wird. Zur Modellierung werden zuerst die Anforderungen festgelegt, danach wird der Prozess in den verschiedenen Schichten des ARIS-Konzeptes beschrieben. Im vorletzten Abschnitt werden dann die Optimierungen des modellierten Prozesses gegenüber der Ausgangssituation erarbeitet. Außerdem werden in diesem Abschnitt auch die Chancen und Risiken diskutiert, die der neue Prozess mit sich bringt. Im letzten Teil der Arbeit erfolgen dann eine Schlussbetrachtung und ein Fazit.

2   Grundlagen

Im Grundlagenkapitel erfolgt eine Vorstellung der Dokumentendigitalisierung und der Werkzeuge, die für die Konzeption des Prozesses genutzt werden sollen.

2.1   Dokumentendigitalisierung

Die Digitalisierung beschreibt die Umwandlung eines analogen Signals in eine digitale Datenmenge. Hierbei wird die unendliche Ausgangsmenge der gemessenen Werte auf eine abzählbare Anzahl von digitalen Werten reduziert.[1]

Der Begriff Dokument ist vom lateinischen Wort documentum abgeleitet, was übersetzt „beweisende Urkunde" heißt.[2] Insbesondere im Deutschen wird dem Begriff Dokument ein konkreter Bezug zu papiergebundenen Schriftstücken, mit hoher inhaltlicher Qualität und rechtlicher Bedeutung zugesprochen.[3] Unter dem Begriff sind jedoch eine Vielzahl von Formaten und Medien zusammengefasst, die formal nicht näher definiert sind. Im weitesten Sinne fasst der Begriff alle physischen Schriftstücke und elektronischen Daten zusammen, die als kleinste logische Einheit eines Vorgangs zu verstehen sind.[4]

Die Dokumentendigitalisierung beschreibt die vorbereitende Maßnahme ein papierbasiertes Dokument so umzuwandeln, dass es später in einem IT-System abgelegt werden kann. Als typische Einsatzbereiche sind hier die Posteingangsbearbeitung oder die Digitalisierung papiergebundener Dokumente zur elektronischen Langzeitarchivierung zu nennen.[5]

2.1.1   Prozessplattformen

Unter einer Prozessplattform wird eine Menge von Subsystemen, Strukturen und Schnittstellen verstanden, die zu einer Plattform zusammengefasst dazu dienen verschiedene, gleiche oder voneinander abgeleitete Produkte zu entwickeln oder zu erzeugen. Prozessplattformen sind immer Bestandteil mehrerer Produkte und selbst eine Kombination aus Subsystemen, Strukturen oder Schnittstellen. Die Plattform stellt hierbei die Basis für die Entwicklung mehrerer derivativer Produkte dar.[6]

In der industriellen Dokumentendigitalisierung, dienen Prozessplattformen von verschiedenen Anbietern als Grundlage zur Gestaltung von Standard- und Kundenprozessen. Die

---

[1] Vgl. Böhringer et al. (2006) Seite 235
[2] Vgl. Liebhart et al. (2008), Seite 10
[3] Vgl. Kampffmeyer & Merkel (1999), Seite 27
[4] Vgl. Liebhart et al. (2008), Seite 10 f.
[5] Vgl. Eggert (2010), Seite 165
[6] Vgl. Bullinger & Scheer (2006), Seite 322 ff.

Plattformen bieten in der Regel einen Grundstock an modularen Funktionalitäten, die durch eine entsprechende Softwareentwicklung beliebig angepasst und optimiert werden können. Ein Beispiel für eine solche Plattform ist foxray xbound.

2.1.2 Dokumententrennblätter

Im Rahmen der Dokumentendigitalisierung werden Dokumententrennblätter eingesetzt um eine Dokumentenstruktur bei der Vorbereitung zum Scannen vorzugeben. Durch Trennblätter werden hierbei verschiedene Register und Kapitel voneinander getrennt. Auf Grundlage der Trennblätter können neben der Dokumentenstruktur noch weitere Ereignisse gesteuert werden. Denkbar ist es zum Beispiel den Start und das Ende für ein Dokument ohne Register vorzugeben oder den Wechsel von Schwarz/Weiß auf Farbe zu veranlassen. Trennblätter werden in der Regel auf farbiges Papier gedruckt um sie innerhalb der Scanstapel schnell identifizieren zu können.

Die folgende Abbildung zeigt ein eingescanntes Dokumententrennblatt zur Trennung von Registern.

Abbildung 1: Dokumententrennblatt für eine Registertrennung

2.1.3 Dokumentenstruktur

Dokumente werden in der Digitalisierung auf verschiedenen Ebenen strukturiert und gegliedert. Hierzu gehören die Register, die dem Dokument untergeordnet sind und die Kapitel, die dem Register untergeordnet sind. Mehrere Dokumente werden zu einem Stapel zusammengefasst, dem eine eindeutige Stapelnummer zugewiesen wird. Innerhalb eines Stapels sind die Dokumente durch Aktenvorblätter eindeutig identifizierbar. Stapeldeckblätter sind genau wie die Barcodeblätter zur Trennung der Kapitel und Register mit einem eindimensionalen Barcode wie dem Code-128 versehen. Die nachfolgende Grafik veranschaulicht die Struktur eines Stapels mit mehreren Dokumenten.

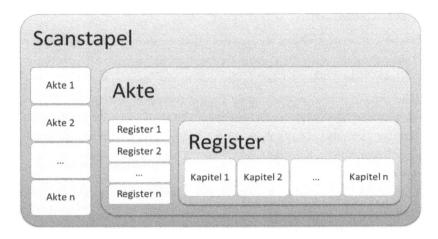

Abbildung 2: Eigene Darstellung - Aufbau eines Scanstapels

2.2   Prozessmodellierung / Prozessoptimierung

Mit dem Begriff Prozess wird in der Literatur meist der Begriff Geschäftsprozess abgekürzt. Aus betriebswirtschaftlicher Sicht ist ein[7] „Geschäftsprozess eine zeitlich-logische Aktivität zur Erfüllung einer betrieblichen Aufgabe, wobei eine Leistung in Form von Material- und/oder Informationstransformation erbracht wird."[8] Österle definiert einen Prozess als Abfolge von Aufgaben, die über mehrere organisatorische Einheiten verteilt sein können. Die Ausführung der Aufgaben wird hierbei durch die IT unterstützt und das Ausführen des Prozesses produziert und konsumiert Leistungen. Für die Überwachung der Prozesse setzt die Prozessführung außerdem (Soll-) Ziele fest, misst das (Ist-) Ergebnis und vergleicht dieses mit den Vorgaben.[9]

Unter einem Prozessmodell wird ein vereinfachtes Abbild eines Geschäftsprozesses oder eines Prozesssystems verstanden, anhand dessen die wichtigsten Elemente eines Prozesses und deren Beziehungen untereinander verstanden werden können. Auf Grundlage des Pro-

---

[7] Vgl. Allweyer (2007), Seite 51
[8] Allweyer (2007), Seite 51 f.
[9] Vgl. Österle (1995), Seite 19

zessmodells können Prozesse neu arrangiert werden und die Beschaffung von Anwendungssoftware zur Unterstützung der Prozesse geplant werden. Man unterscheidet zwischen deskriptiven Prozessmodellen, die einen Ist-Zustand beschreiben und normativen Prozessmodellen, die einen gewünschten Soll-Prozess beschreiben.[10] Ein Prozessmodell ist demnach das allgemeine Modell eines bestehenden oder geplanten Prozesses.[11]

Modelle zur Modellierung von Geschäftsprozessen bilden komplexitäts-reduzierte Ausschnitte der Realität ab und werden direkt durch den Zweck der Darstellung beeinflusst, da dieser wiederrum die Eigenschaften des Modells bestimmt.[12] Zweck der Darstellung von Geschäftsprozessen sind „die Analyse und Restrukturierung von Primärprozessen mit Markt- und Kundenausrichtung[...]."[13] Dieses Vorgehen wird durch die oftmals synonym verwendeten Begrifflichkeiten „Business Process Reenginering", „Geschäftsprozessoptimierung", "Business Engineering" oder auch „Business Redesign" beschrieben.[14] Gründe für die Optimierung und Neugestaltung von Prozessen können hierbei direkt aus dem magischen Dreieck von Zeit, Qualität und Kosten abgeleitet werden. Beispielhafte Gründe sind eine Verringerung der Prozessdurchlaufzeit, eine Minimierung der Prozesskosten, oder eine Verringerung der Fehlerquoten. Das magische Dreieck ist in der folgenden Darstellung abgebildet.[15]

Abbildung 3: Eigene Darstellung - Das magische Dreieck von Zeit, Qualität und Kosten[16]

---

[10] Vgl. Schneider et al. (2008), Seite 48
[11] Vgl. Prilla (2010), Seite 81
[12] Vgl. Herrmann et al.(2005), Seite 150
[13] Gadatsch, (2010), Seite 11
[14] Vgl. Gadatsch (2010), Seite 11
[15] Vgl. Jankulik et al. (2005), Seite 128
[16] Vgl. Jankulik et al. (2005), Seite 128

Bei der Modellierung von Prozessen werden grundsätzlich vier Gestaltungsalternativen unterschieden:

Die sequentielle Reihung, bei der immer genau eine Funktion nach der anderen ausgeführt wird und die Nachfolgefunktion erst startet, wenn die Vorgängerfunktion abgeschlossen ist.

Die Parallelisierung, bei der voneinander unabhängige Funktionen parallel ausgeführt werden, um die Durchlaufzeit des Gesamtprozesses zu reduzieren.

Die Verzweigung, bei der bestimmte Prozesse in Abhängigkeit von bestimmten Bedingungen eintreten.

Die Wiederholung, bei der ein oder mehrere Prozesse mehrfach ausgeführt werden. Um die Wiederholung zu steuern, müssen die Wiederholungsbedingung und das Abbruchkriterium für eine erneute Wiederholung bekannt sein.[17]

Geläufige Darstellungsarten und Modelle zur Modellierung von Geschäftsprozessen sind die Unified Modeling Language (UML) nach Grady Booch, Ivar Jacobson, und James Rumbaugh, die Business Process Modeling Notation (BPMN) nach Stephen A. White und die Ereignisgesteuerte Prozesskette (EPK) nach August Wilhelm Scheer.

2.3   ARIS

2.3.1   Das ARIS-Konzept

ARIS ist das Akronym für „Architektur integrierter Informationssysteme". Es handelt sich hierbei um ein Konzept, bei dem Informationssysteme hinsichtlich ihrer Art, ihrer funktionalen Eigenschaften und ihres Zusammenwirkens beschrieben werden.[18] Das ARIS-Konzept ist in den neunziger Jahren von Professor August-Wilhelm Scheer an der Universität Saarbrücken entwickelt worden. Hierbei wurde es zunächst theoretisch entwickelt und 1993 in Form der Software „ARIS Toolset Version 1.0" durch die heutige IDS Scheer AG vermarktet.[19] ARIS bietet seinen Anwendern die Möglichkeit Geschäftsprozesse redundanzfrei und ganzheitlich, aus unterschiedlichen Perspektiven zu betrachten. Hierdurch hat es sich innerhalb der letzten Jahre zu einem de facto Standard in der Geschäftsprozessmodellierung entwickelt[20] und ist heute sowohl für die Hochschulausbildung, als auch für den Einsatz in Betrieben interessant.[21]

---

[17] Vgl. Krcmar (2005), Seite 124 f.
[18] Vgl. Scheer: ARIS - Vom Geschäftsprozeß zum Anwendungssystem (1998), Seite 1
[19] Vgl. Seidlmeier (2010), Seite 11
[20] Vgl. Grief (2005), Seite 3 f.
[21] Vgl. Seidlmeier (2010), Seite 11

2.3.2 Beschreibungssichten

„In ARIS werden die Geschäftsprozesse in die fünf Sichten - Funktionen, Leistungen, Daten, Organisation und Steuerung zerlegt, wobei die Inhalte der anderen Sichten in der Steuerungssicht zusammengeführt werden, um das Zusammenspiel bei der Abwicklung von Prozessen darstellen zu können."[22] Das Zusammenfassen der Klassen zu Sichten dient hierbei der Vereinfachung des Geschäftsprozessmodells und der Vermeidung von Redundanzen, die durch die Mehrfachverwendung von Objekten innerhalb des Modells bestehen können.[23] Die Systemtheorie unterscheidet zwischen der Struktur, bzw. der Statik eines Systems und dem Verhalten, bzw. der Dynamik eines Systems. Im ARIS-Konzept stellen die Ereignissteuerung und der Nachrichtenfluss die Dynamik und alle anderen Sichten die Systemstruktur dar.[24] Alle Sichten zusammen werden durch das „ARIS-Haus" visualisiert. Die zentrale Sicht der Steuerung ist hierbei in der Mitte dargestellt und jede Sicht in die drei Beschreibungsebenen aufgeteilt, die in Abschnitt 2.3.3 näher erläutert werden.[25] Die folgende Grafik zeigt das ARIS-Haus.

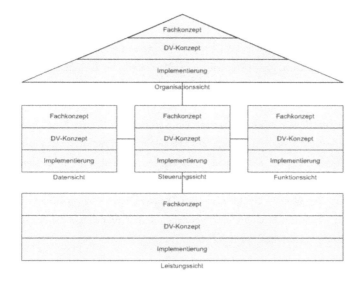

Abbildung 4: Eigene Darstellung - Das ARIS-Haus[26]

---

[22] Allweyer (2007), Seite 147
[23] Vgl. Scheer: ARIS - Vom Geschäftsprozeß zum Anwendungssystem (1998), Seite 33
[24] Vgl. Scheer: ARIS - Vom Geschäftsprozeß zum Anwendungssystem (1998), Seite 36
[25] Vgl. Rump (1999), Seite 56
[26] Vgl. Scheer: ARIS - Vom Geschäftsprozeß zum Anwendungssystem (1998), Seite 41

2.3.2.1 Funktionssicht

Alle Vorgänge, Tätigkeiten oder Funktionen, die eingehende Leistungen in ausgehende Leistungen umwandeln, werden zur Funktionssicht zusammengefasst. Ziele werden ebenfalls zur Funktionssicht gezählt, da Funktionen Ziele unterstützen und durch diese gesteuert werden.[27] Neben der Beschreibung der Funktion, gehören auch die Aufzählung der Teilfunktionen und die Beziehungen zwischen den Funktionen zu dieser Sicht. Die Darstellung der Funktionssicht kann beispielsweise durch Funktionsbäume erfolgen.[28]

2.3.2.2 Leistungssicht

„Die Leistungssicht enthält alle materiellen und immateriellen Input- und Output-Leistungen einschließlich der Geldflüsse."[29] Zur Darstellung materieller Leistungen bieten sich zur Beschreibung auf Fachkonzeptebene Konstruktionszeichnungen, technische Spezifikationen oder Stücklisten an. Immaterielle Leistungen, bzw. Dienstleistungen hingegen lassen sich durch Leistungsbäume beschreiben und strukturieren.[30]

2.3.2.3 Datensicht

Die Datensicht umfasst alle Zustände und Ereignisse, die durch Daten dargestellt werden.[31] Hierzu enthält die Datensicht eine Beschreibung der Datenobjekte, die durch Funktionen manipuliert werden. Die beschriebenen Objekte umfassen sowohl die Ereignisse, als auch die Nachrichten, die den Ablauf des Geschäftsprozesses steuern.[32] Es werden sowohl die Nachrichten, die Funktionen auslösen, als auch die Nachrichten, die von Funktionen erzeugt werden in der Datensicht dargestellt.[33] Zur Darstellung der Datensicht auf Fachkonzeptebene wird unterschieden, ob die Daten stark strukturiert sind, oder ob es sich um schwach strukturierte Informationen handelt. Im Falle von starker Strukturierung bieten sich Entity-Relationship Modelle (ERM) oder UML- Klassendiagramme zur Beschreibung an. Im Falle einer schwachen Strukturierung werden die Informationen und die damit verbundenen Dokumente textuell beschrieben.[34]

---

[27] Vgl. Scheer: ARIS - Vom Geschäftsprozeß zum Anwendungssystem (1998), Seite 36
[28] Vgl. Staud (2001), Seite 27
[29] Vgl. Scheer: ARIS - Vom Geschäftsprozeß zum Anwendungssystem (1998), Seite 36
[30] Vgl. Allweyer (2007), Seite 152 ff.
[31] Vgl. Staud (2001), Seite 27
[32] Vgl. Scheer: ARIS - Modellierungsmethoden, Metamodelle, Anwendungen (1998), Seite 67 ff.
[33] Vgl. Scheer: ARIS - Vom Geschäftsprozeß zum Anwendungssystem (1998), Seite 36
[34] Vgl. Allweyer (2007), 168 ff.

2.3.2.4 Organisationssicht

„Die fachliche Organisationssicht beschreibt die Aufbauorganisation, also die Organisationseinheiten mit den zwischen ihnen bestehenden Kommunikations- und Weisungsbeziehungen."[35] In den Organisationseinheiten werden hierbei Aufgabenträger, die die gleiche Funktion ausführen oder das gleiche Arbeitsobjekt bearbeiten, zu Einheiten zusammengefasst.[36] Eine weit verbreitete Notation um die Organisationssicht abzubilden ist die hierarchische Gliederung in einem Organigramm.[37]

2.3.2.5 Steuerungssicht / Prozesssicht

Die Steuerungssicht bildet die Grundlage zur vollständigen Betrachtung des Gesamtprozesses. Hierzu fasst sie die zuvor beschriebenen Sichten zusammen und bildet die Beziehungen zwischen den einzelnen Sichten ab.[38] In der Steuerungssicht werden die ablaufbezogenen Zusammenhänge der Funktionen in zeitlicher und logischer Reihenfolge dargestellt. Die Prozessmodellierung erfolgt in der Regel durch ereignisgesteuerte Prozessketten (EPK).[39]

2.3.3 Beschreibungsebenen

Während die Sichten des ARIS-Konzeptes die Geschäftsprozesse auf einer betriebswirtschaftlichen Ebene betrachten, wird durch die Beschreibungsebenen jede Sicht aus der betriebswirtschaftlichen Fachbeschreibung heraus, zu einer konkreten technischen Implementierung überführt.[40] Scheer unterscheidet hierbei drei Ebenen der Betrachtung: das Fachkonzept, das DV-Konzept und die technische Implementierung.[41]

Das Fachkonzept beschreibt den Ist- und den Sollzustand für einen Geschäftsprozess. Die Darstellung ist formal in Modellen beschrieben und dient als Ausgangspunkt für die informationstechnische Umsetzung.[42]

Das DV-Konzept dient dazu „die Fachmodelle an die Anforderungen der Schnittstellen von Implementierungswerkzeugen (z.B. Datenbanksysteme, Netzwerkarchitekturen oder Programmiersprachen"[43] anzupassen.

---

[35] Scheer: ARIS - Modellierungsmethoden, Metamodelle, Anwendungen (1998), Seite 52
[36] Vgl. Scheer: ARIS - Vom Geschäftsprozeß zum Anwendungssystem (1998), Seite 36
[37] Vgl. Allweyer (2007), Seite 174
[38] Vgl. Scheer: ARIS - Vom Geschäftsprozeß zum Anwendungssystem (1998), Seite 36
[39] Vgl. Seidlmeier (2010), Seite 21
[40] Vgl. Scheer: ARIS - Vom Geschäftsprozeß zum Anwendungssystem (1998), Seite 38
[41] Vgl. Staud (2001), Seite 28
[42] Vgl. Seidlmeier (2010), Seite 24

Ein Bezug zu konkreten Produkten der Informationstechnik, wird allerdings erst auf der letzten Ebene, der technischen Implementierung umgesetzt.[44] Neben der Umsetzung gehören auch die Unterweisung, die Schulung und die Übergabe der Systeme mit in diese Ebene.[45]

Im ARIS-Haus werden die zwei Dimensionen der Sichten und der Ebenen miteinander verknüpft. Die Darstellung beinhaltet also für jede Sicht die drei beschriebenen Ebenen.[46]

2.3.4 EPK

Ereignisgesteuerte Prozessketten sind eine semi-formale Methode für die Analyse und Beschreibung von Geschäftsprozessen.[47] Sie wurden am Institut für Wirtschaftsinformatik der Universität des Saarlandes entwickelt. Die Entwicklung erfolgte in Zusammenarbeit mit der SAP AG und wurde 1992 in der Veröffentlichung „Semantische Prozessmodellierung" von Keller, Nüttgens und Scheer vorgestellt.

Die Methode ist an die Ansätze der stochastischen Netzplanverfahren und Petri-Netze angelehnt und besteht in der einfachsten Form lediglich aus einer Darstellung von Ein- und Ausgaben, wobei auf jede Form von Nachrichten und Bedingungen verzichtet wird.

In einer EPK werden Ereignisse und Funktionen nacheinander dargestellt und durch das Einfügen von Und-, Oder- und Exklusiv-Oder-Konnektoren logisch miteinander verknüpft.[48] Ereignisse stellen betriebswirtschaftlich relevante Ereignisse dar, die Auslöser oder Ergebnis eines Ablaufs sein können. Eine Funktion stellt immer eine zu leistende Tätigkeit dar, wobei der Umfang der zu leistenden Tätigkeit von der Modellierung selbst abhängig ist. Funktionen werden stets durch ein Ereignis ausgelöst und haben ein Ereignis zur Folge.[49]

Die Elemente einer EPK sind in der folgenden Abbildung dargestellt.

---

[43] Scheer: ARIS - Vom Geschäftsprozeß zum Anwendungssystem (1998), Seite 40
[44] Vgl. Scheer: ARIS - Vom Geschäftsprozeß zum Anwendungssystem (1998), Seite 40
[45] Vgl. Seidlmeier (2010), Seite 25
[46] Vgl. Staud (2001), Seite 29
[47] Vgl. Staud (2006), Seite 59
[48] Vgl. Scheer: ARIS - Modellierungsmethoden, Metamodelle, Anwendungen (1998), Seite 125
[49] Vgl. Staud (2006), Seite 60 ff.

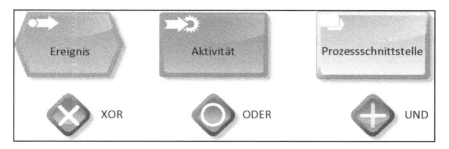

Abbildung 5: Elemente der EPK – Darstellung nach ARIS-Express

Neben dem ursprünglichen EPK existieren die erweiterten EPK (eEPK), bei der die Darstellung des Prozessablaufs durch zusätzliche Prozesselemente ergänzt wird. Diese zusätzlichen Prozesselemente werden insbesondere bei der Darstellung von Teilprozessen dazu benutzt um genaue Informationen wie zum Beispiel Quelle und Form von Datenträgern zur Beschreibung der einzelnen Funktionen zu ergänzen.[50] Die zusätzlichen Elemente sind hierbei vor allem für die Modellierung betrieblicher Informationssysteme (IS) von Relevanz, da sie die notwendigen Verbindungen zum Unternehmensdatenmodell, den organisatorischen Einheiten und eine Beschränkung der Prozesssicht auf den relevanten Abschnitt des betrieblichen Prozesses ermöglichen.[51] Ob und durch welche Prozesselemente ein Modell ergänzt wird obliegt dem Modellierer und ist abhängig vom Zweck der Modellierung.[52] Einige Elemente einer eEPK sind in der folgenden Abbildung dargestellt.

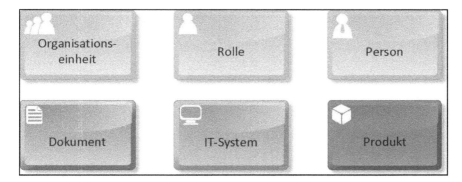

Abbildung 6: Elemente der eEPK – Darstellung nach ARIS-Express

---

[50] Vgl. Krallmann et al. (2007), Seite 98 f.
[51] Vgl. Krcmar (2005), Seite 123
[52] Vgl. Krallmann et al. (2007), Seite 99

2.3.5 ARIS-Express

ARIS-Express ist ein Werkzeug zum Erstellen von Geschäftsprozessmodellen der Firma Software AG. Die Software AG ist ein Unternehmen aus dem Bereich des Business Process Management (BPM), mit Hauptsitz in Darmstadt und bietet neben der Beratung, eine breite Palette an unterschiedlichen Produkten, zur Modellierung und Optimierung von Geschäftsprozessen an.[53]

ARIS-Express kann in der aktuellen Version 2.3 kostenfrei im Internet unter www.ariscommunity.com heruntergeladen werden und richtet sich speziell an Anfänger im Bereich BPM. Hierzu stellt das Tool eine eingeschränkte Auswahl etablierter Modelltypen zur Modellierung an, die unter einer gemeinsamen Oberfläche zusammengefasst sind. Besonders erwähnenswert ist hierbei die Option zur Modellierung von EPK und BPMN Modellen.[54] Die vollständige Übersicht aller in ARIS-Express unterstützten Modelltypen ist in der folgenden Abbildung dargestellt.

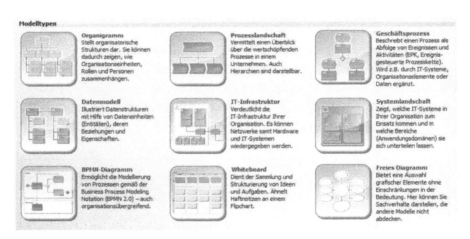

Abbildung 7: Übersicht der Modelle in ARIS-Express

---

[53] Vgl. Software AG: About Software AG (2011)
[54] Vgl. ARIS Community: ARIS Express (2011)

3 Beschreibung der Ausgangslage

Um darzustellen, wie die Ausgangssituation für den zu erstellenden Standardprozess aussieht wird im kommenden Abschnitt zunächst beschrieben, wie die Marktsituation für Dienstleister auf dem Digitalisierungsmarkt aussieht und welchen Wandlungen der Markt unterliegt. Danach erfolgt eine Beschreibung der einzelnen Prozessschritte, die während einer Digitalisierung möglich sind um die Anforderungen der Kunden zu erfüllen. Nach der Beschreibung des Marktes und der Prozessoptionen, wird abschließend erläutert, an welchen Stellen des Prozesses eine Optimierung möglich ist, um eine Grundlage für die Anforderungen in Kapitel 4 zu schaffen.

3.1 *Ausgangslage in Unternehmen mit variablen Kundenanforderungen*

Die in der vorliegenden Arbeit beschriebene Ausgangslage bezieht sich auf Unternehmen, die im Dienstleistungsbereich der Dokumentendigitalisierung tätig sind. Die Marktsituation ist für solche Unternehmen dadurch gekennzeichnet, dass nur selten große Projekte durch die Kunden in Auftrag gegeben werden. Als großes Projekt ist hier eines zu verstehen, dass ein Volumen von mehreren Millionen Blatt und / oder eine Laufzeit von mehreren Jahren hat. In der Regel handelt es sich bei solchen Großprojekten um die Digitalisierung und Auflösung von Altarchiven oder die Einführung von E-Akten bei Banken, Versicherungen oder Behörden. Die Ursachen für diesen Trend sind sehr vielseitig und sollen an dieser Stelle daher nur angeschnitten werden. Zum einen gehen gerade Altarchive eher direkt in die Vernichtung, als zur Digitalisierung. Zum anderen, gründen gerade große Unternehmen eher eine eigene Firma oder Abteilung, als einen Dienstleister an sich zu binden.

Für die Dienstleistungsunternehmen hat dies zur Folge, dass durch den Vertrieb viele kleine Kunden geworben und gewonnen werden, die entsprechend kleinere Mengen zur Digitalisierung an den Dienstleister übergeben. Kleine Mengen sind in extremen Fällen 100 Einzelbelege oder vielleicht auch nur zehn Aktenordner, die ein Kunde digitalisiert haben möchte. Diese kleinen Losgrößen gehen allerdings mit der Erwartungshaltung einher, dass die Verarbeitung einer kleinen Menge, entsprechend schnell erfolgt und abgeschlossen wird.

Für den Dienstleister stellt jedes Projekt jedoch seine eigenen Herausforderungen dar und bedarf somit auch individueller Schritte der Vorbereitung, Planung und Durchführung des Projektes.

Es lässt sich also festhalten, dass Digitalisierungsdienstleister folgenden Themen begegnen müssen:

- Kleine Losgrößen
- Verkürzte Umsetzungszeiten
- Viele Projekte
- Vielfältige / Unterschiedliche Prozessanforderungen

Um den Herausforderungen möglichst effizient begegnen zu können benötigen die Dienstleister eine starke Strukturierung und Standardisierung der eigenen Prozesse, was in der Realität allerdings nicht immer gegeben ist. Stattdessen wird aufgrund der vielen Projekte und der Notwendigkeit die operativen Prozesse zu bedienen, mehr nach einem „Copy & Paste"-Prinzip gearbeitet. D.h. aufgrund des Zeit- und Kostendrucks wird ein Kundenprozess innerhalb der Prozessplattform kopiert und dann an die Anforderungen des neuen Prozesses angepasst. Diese Anpassung wird meist von einer Vielzahl an Fehlern begleitet.

Häufige Fehler, die in diesem Zusammenhang passieren, sind fehlerhafte und nicht angepasste Einstellungen, die ein wiederholtes Verarbeiten der Daten erfordern und somit zusätzlich Zeit und Geld kosten. Neben der Zeit, die für die Behebung der Fehler in Anspruch genommen werden muss, ist auch das Kopieren und Anpassen der Prozesse zeitintensiv. Diese Zeit wird dann erneut für sich ebenfalls wiederholende Tätigkeiten benötigt und bietet nicht zuletzt viel mehr Fehlerquellen als ein einmalig festgelegter und getesteter Prozess.

Als letzter Punkt zur Schilderung der Ausgangssituation ist das Zusammenspiel zwischen dem Vertrieb und dem operativen Bereich zu nennen. Die vielfältigen und unterschiedlichen Anforderungen der Kundenprojekte sind oftmals das direkte Ergebnis eines Vertriebsgesprächs mit dem Kunden, bei dem versucht wird dem Kunden alles Recht zu machen, um einen Vertragsabschluss zu erwirken. Da für jeden Kunden ein individueller Prozess erstellt wird, stellt dieses Vorgehen auch keinen Wiederspruch zur Arbeitsweise des Unternehmens dar. In einigen Fällen entstehen so allerdings Anforderungen, die entweder zum Nachteil des Dienstleisters sind oder gar nicht durch diesen erbracht werden können. Statt der gerade beschriebenen Vorgehensweise, sollte es das Ziel des Vertriebs sein ein Produkt zu verkaufen, das operativ ohne viel Aufwand umgesetzt werden kann, um so kosten- und zeiteffizient und mit einer hohen Qualität produzieren zu können.

3.2   Vorgehen bei der Dokumentendigitalisierung

Im folgenden Abschnitt werden alle bei der Digitalisierung von Dokumenten notwendigen bzw. möglichen Schritte vorgestellt und beschrieben. In einem Kundenprozess können die einzelnen Schritte beliebig miteinander verknüpft werden, weshalb in der folgenden Darstellung nur grob skizziert wird, wie die einzelnen Schritte im Zusammenhang stehen.

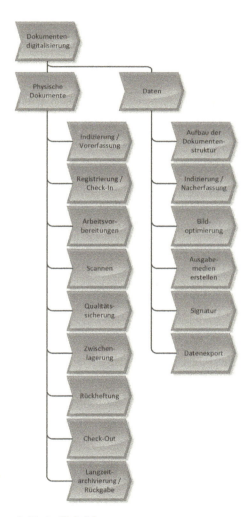

Abbildung 8: Prozessschritte der Digitalisierung

3.2.1 Prozessschritte der physischen Dokumente

Im folgenden Abschnitt wird beschrieben, welche Prozessschritte die einzelnen physischen Dokumente während der Digitalisierung durchlaufen und was bei dem jeweiligen Prozessschritt geschieht.

3.2.1.1 Indizierung / Vorerfassung

Die Vorerfassung ist eine Erfassung von Metadaten auf Grundlage der physischen Dokumente. Hierzu werden für den Prozess relevante Daten erfasst, bevor die Dokumente in die Verarbeitung weitergegeben werden. Die Daten dienen als Basis zur Erstellung der Aktenvorblätter, mit deren Hilfe die Daten und die Scanstapel zu einem späteren Zeitpunkt wieder zusammengeführt werden können.

3.2.1.2 Registrierung / Check-In

Die Registrierung, oder Check-In, ist der erste Prozessschritt, der beim Verarbeiten eines Dokumentes in der Produktion eines Digitalisierungsdienstleisters erfolgt. Hierzu wird jedem Dokument ein Aktenvorblatt zugeordnet, mit dessen Hilfe es jederzeit eindeutig zu identifizieren ist. Anschließend wird jedes Dokument das verarbeitet werden soll entweder von Hand oder per Barcodescanner erfasst und im Verarbeitungsprozess bekanntgemacht. Durch das Registrieren der Dokumente ist zum einen sichergestellt, dass eine Information für das Track und Trace eines Dokumentes erfolgen kann. Zum anderen wird hierdurch aber auch die vom Kunden übergebene Menge erneut geprüft und Mehr- oder Mindermengen festgestellt.

3.2.1.3 Arbeitsvorbereitungen

Unter dem Begriff der Arbeitsvorbereitung werden alle Schritte zum Aufbereiten der Dokumente zusammengefasst, die dazu dienen das Scannen der Dokumente vorzubereiten. Hierbei werden die Dokumente aus den Ordnern, bzw. entsprechenden Trägern entnommen. Anschließend werden alle Büroklammern und Heftklammern entfernt, die Seiten ggf. geglättet, repariert, entfaltet und getrennt. Die Dokumente werden während der Arbeitsvorbereitung durch das Einlegen von Barcodeblättern ergänzt, um die gewünschte Stapelstruktur vorzugeben. Insbesondere übergroße Formate oder Formate, die am Flachbettscanner gescannt werden müssen werden durch spezielle Substitutionsbarcodes ersetzt. Die Substitutionsbarcodes ermöglichen ein separates Scannen und automatisiertes Einfügen der

Sonderformate in den Rest des Dokumentes. Am Ende der Vorbereitung werden ein oder mehrere Dokumente zu einem Scanstapel zusammengefasst. Die Stapelgröße und die Ausrichtung der Schriftstücke sind hierbei abhängig von der Maschine, auf der die Verarbeitung erfolgen soll.

3.2.1.4 Scannen

Beim Scannen der Dokumente erfolgt die eigentliche Digitalisierung der Schriftstücke. Schriftstücke mit einem Format bis DIN A3 werden hierbei über einen Einzugsscanner verarbeitet. Übergroße Schriftstücke wie Pläne aus Bauakten, mit einem Format bis DIN A0 werden über einen Planscanner verarbeitet. Dokumente, die nicht getrennt werden dürfen, wie Urkunden oder gesiegelte Dokumente, werden über einen Flachbettscanner gescannt.

Das Scannen der Dokumente erfolgt entweder als Farbbild, als Graustufenbild oder als bitonales Schwarz-Weiß Bild. Neben der Art der Bilder ist beim Scannen noch die Auflösung festzulegen. Die Auflösung beträgt in der Regel 100, 200 oder 300 dpi.

Nach dem Scannen der Akten ist das physische Dokument nur noch für die Qualitätssicherung von Relevanz und das Weiterverarbeiten der Dokumente erfolgt auf den gerade erzeugten Bildern, die nun als Daten zur Verfügung stehen.

3.2.1.5 Qualitätssicherung

Bevor die Verarbeitung der physischen Dokumente abgeschlossen ist erfolgt eine Qualitätsprüfung. Diese erfolgt entweder anhand eines vorgegebenen prozentualen Anteils, oder aber nach einer ISO Norm wie der DIN 2859-1, die dem Festlegen der Prüfmenge dient. Verglichen werden hierbei die digitalen und die physischen Dokumente. Es erfolgt eine Kontrolle zur Scanqualität der Bilder, zum Aufbau der Dokumentenstruktur und zur Reihenfolge, bzw. der Ausrichtung der einzelnen Seiten des Dokumentes.

3.2.1.6 Zwischenlagerung

Um dem Kunden eine Möglichkeit der Reklamation einzuräumen, werden die Dokumente vor der Rückgabe oder der Vernichtung beim Digitalisierungsdienstleister zwischengelagert. Während der Zeit der Zwischenlagerung stehen die Scanstapel für weitere Qualitätskontrollen zur Verfügung. Sollte es notwendig sein, kann nun auch ein Neuscannen einzelner Schriftstücke oder ganzer Stapel durchgeführt werden. Dokumente, die nicht zwischengelagert werden, gehen direkt zum Check-Out und danach zurück zum Kunden oder zur Vernichtung.

3.2.1.7 Rückheftung

Nach Absprache mit dem Kunden, werden die Dokumente nach der Verarbeitung wieder in ihren Ursprungszustand zurückversetzt. Die Schriftstücke werden also wieder in die Träger zurückgeheftet und die zuvor entnommenen Sonderformate und Übergrößen wieder an der ursprünglichen Position innerhalb der Dokumente einsortiert. Barcodeblätter werden aus den Dokumenten entfernt und die Scanstapel aufgelöst.

3.2.1.8 Check-Out

Als Gegenstück zur Registrierung werden die Dokumente nach der Verarbeitung wieder ausgecheckt. Hierzu wird ebenfalls manuell oder per Barcodescanner der Aktenbarcode erfasst. Nach dem Check-Out ist ein Dokument nicht mehr im Produktionsprozess nachzuverfolgen. In der Regel stehen die physischen Dokumente nun in einem Lagerbereich wie dem Warenausgang zur Rückgabe bereit.

3.2.1.9 Langzeitarchivierung / Rückgabe

Physische Dokumente werden nach der Verarbeitung entweder an den Kunden zurückgegeben oder an einen weiteren Dienstleister weitergereicht, der diese archiviert. Zur Archivierung werden hierbei ggf. noch Daten bereitgestellt, die zur Identifizierung der Dokumente im Warenwirtschaftssystem des Archivdienstleisters benötigt werden.

3.2.2 Prozessschritte der Daten

Neben den physischen Dokumenten, die verschiedene Schritte durchlaufen, müssen auch die Daten, die während der Digitalisierung erzeugt werden bestimmte Prozessschritte durchlaufen. Die Prozessschritte werden hier erläutert und erklärt.

3.2.2.1 Aufbau der Dokumentenstruktur

Nach dem Scannen der Dokumente werden in einem ersten Schritt, sofern dies nicht bereits am Scanner erfolgt ist, die Barcodes der Trenn- und Deckblätter ausgelesen. Auf Grundlage der eingefügten Barcodes wird dann eine Dokumentenstruktur aufgebaut, die der Vorgabe durch die Trennblätter entspricht.

3.2.2.2 Indizierung / Nacherfassung

Bei der Indizierung oder Erfassung geht es darum bestimmte Werte der Dokumente automatisiert durch eine OCR oder manuell auslesen zu lassen. Der hier beschriebene Prozessschritt ist die Form der Erfassung, bei der die Werte aus den Bildern der eingescannten Dokumente extrahiert werden. Um die Indizierung zu ermöglichen wird ein Erfassungsclient in Form einer Software benötigt. Die Software muss zum einen die Bilder anzeigen und zum anderen eine Eingabe der gewünschten Daten zulassen. Zum Ansteuern der Bilder, von denen Daten erfasst werden müssen, werden die Barcodes der Trennblätter genutzt. Nach der Indizierung werden die erfassten Daten in Form von Metadaten zu den einzelnen Bildern gespeichert.

3.2.2.3 Bildoptimierung

Die erzeugten Bilder können einer Reihe von automatischen Bildoptimierungen unterzogen werden, bevor die Ausgabemedien erstellt werden. Hierzu gehört eine automatische Leerseitenerkennung, die mittels eines Schwellwertes anhand der Dateigröße durchgeführt wird. Ebenfalls möglich sind die Entfernung von Flecken und Verunreinigungen auf den Bildern, die Entzerrung von Bildern und die automatische Beschneidung der Ränder. Eine letzte, wichtige Optimierung ist das automatische Drehen der einzelnen Seiten, so dass diese in Leserichtung gedreht sind.

3.2.2.4 Ausgabemedien erstellen

Sind alle Optimierungen und Erfassungen auf den Daten abgeschlossen, werden die Ausgabemedien erstellt. Hierzu werden zunächst alle Substitutionsbelege durch die einzufügenden Bilder ersetzt. Danach werden dann je nach Absprache mit dem Kunden, Ausgabemedien auf Grundlage der Registerstruktur erzeugt.

Die Ausgabemedien haben entweder das Format Multipage-Tiff oder PDF/a. Letzteres wird entweder mit einer Volltext-OCR (Searchable PDF) oder ohne erzeugt.

Neben den Bilddateien werden nun auch die indexierten Werte in Form von Text-, CSV- oder XML-Dateien ausgegeben. Die Dateien mit den Werten haben immer einen zur Bilddatei identischen Namen, der sich nur in der Dateiendung unterscheidet. Auf diese Weise wird sichergestellt, dass die zusammengehörigen Dateien problemlos in ein DMS-System eingespielt werden können.

3.2.2.5 Signatur

Medien, die für einen Kunden erstellt wurden, können nach deren Produktion mit einer elektronischen Signatur versehen werden. Auf diese Weise ist die Authentizität und auch die Integrität der Daten von Seiten des Scandienstleisters gewährleistet. Die Signierung der Daten ist ein vollständig manueller Schritt, der auf den Daten durchgeführt wird.

3.2.2.6 Datenexport

Die fertig produzierten Daten werden dem Kunden in einem letzten Schritt zur Verfügung gestellt. Hierzu werden die Daten wahlweise per Datenträger (DVD, Festplatte) oder per sFTP Server bereitgestellt, bzw. dem Kunden ausgehändigt. Daten die einem Kunden übergeben werden, sind zur Sicherstellung der Vertraulichkeit zusätzlich noch zu verschlüsseln. Für eine Verschlüsselung mit beispielsweise PGP müssen die Daten nach der Erstellung noch eine zusätzliche Komponente durchlaufen. Diese Komponente verschlüsselt dann die Daten und erstellt verschlüsselte Datencontainer.

3.3 Aufzeigen von Optimierungsmöglichkeiten

Für einen Dienstleister im Bereich der Dokumentdigitalisierung ergeben sich nach der Betrachtung der Ausgangssituation verschiedene Optimierungsmöglichkeiten. Das zuvor beschriebene Kopieren und Anpassen der kundenspezifischen Prozesse auf der Prozessplattform ist ein prozessübergreifender Vorgang, der mit sehr viel Optimierungspotential verbunden ist. Neben der Vermeidung von Fehlern, die durch diese Vorgehensweise entstehen, ist hier auch die Möglichkeit gegeben die Qualität und die Dauer der Bearbeitung der einzelnen Kundenprojekte zu verbessern, bzw. zu verringern.

In Bezug auf den Vertrieb und die damit einhergehenden Kundenanforderungen bieten sich weitere Möglichkeiten zur Optimierung der Gesamtabläufe an. Die Optimierung an dieser Stelle muss klare Vorgaben und Richtlinien für die Vertriebsmitarbeiter zur Folge haben, was durch eine Vereinheitlichung der Prozesse zu erreichen wäre.

Die bisherigen Optimierungsmöglichkeiten umfassen die Ausgangslage der Unternehmen und beziehen sich immer auf dem Gesamtprozess der Digitalisierung. Die einzelnen Prozessschritte bieten zusätzliches Potential, dass nun angesprochen wird. Als erstes sind der Check-In und der Check-Out zu nennen, die in einem kundenspezifischen Prozess optional sind, aber erheblich zur Qualität des Prozesses beitragen können. Eine Registrierung aller Dokumente für jeden Kunden, würde neue Möglichkeiten zur Kontrolle des Gesamtprozesses ermöglichen. Weiterhin ergeben sich Möglichkeiten bei der Verbesserung der Arbeitsvorbereitung, wenn die Möglichkeiten hier vereinheitlicht werden. Das Vorgehen bei der Durchführung der Arbeitsvorbereitung aber auch die Kontrolle der Arbeit lassen sich durch eine Standardisierung verbessern.

Keine oder nur wenige Verbesserungsmöglichkeiten ergeben sich bei der Indizierung und dem Exportieren der Daten. In beiden Fällen wird es nahezu unmöglich sein die Tätigkeiten innerhalb der Funktionen durch eine Anpassung des Prozesses zu optimieren. Die Gründe hierfür liegen in den unterschiedlichen Anforderungen dieser beiden Prozessschritte. Im Gegensatz zu den anderen Schritten sind hier nämlich die Dokumente und deren Beschaffenheit ausschlaggebend für die unterschiedlichen Anforderungen und nicht die Möglichkeiten der Digitalisierung. Ebenfalls nicht geeignet für die Optimierung ist die digitale Signatur. Die Gründe liegen unter anderem in den Empfehlungen, die durch die Prüfdienste des Bundes zur elektronischen (Langzeit-) Speicherung und elektronischen Kommunikation, veröffentlicht wurden und ein sehr restriktives Vorgehen beschreiben.

4   Geschäftsprozessmodellierung

4.1   Festlegen der Anforderungen an den Prozess

Das vorliegende Kapitel beschreibt die Anforderungen, die an den zu erstellenden Standardprozess für die Dokumentendigitalisierung gestellt werden. Die Anforderungen stellen zum einen die Ziele dar, die bei der Erstellung des Prozesses verfolgt werden sollen. Zum anderen dienen sie zur späteren Beurteilung des erstellten Prozesses, da anhand der Anforderungen der Zielerreichungsgrad bestimmt und bewertet werden soll. Die Anforderungen selbst sind in zwei verschiedene Bereiche unterteilt. Einmal die fachlichen Anforderungen, die festlegen, welchen Anforderungen der Prozess gerecht werden soll und zum anderen die technischen Anforderungen. Die technischen Anforderungen beschreiben, welche technischen Optionen und Möglichkeiten der Prozess anbieten und erfüllen soll.

4.1.1   Fachliche Anforderungen

Multiprojektfähigkeit: Anders als in der Ausgangssituation, wo ein Prozess pro Kunde existiert, soll der neue Prozess in der Lage sein mehrere Projekte von gleichen und unterschiedlichen Kunden abzubilden. Diese Eigenschaft zeichnet den Prozess demnach als Standardprozess aus.

Konfigurierbarkeit: Um die unterschiedlichen Konfigurationen für die verschiedenen Kunden abbilden zu können, soll der Prozess konfigurierbar sein. Es soll also eine Möglichkeit geben Parameter innerhalb der einzelnen Komponenten in Abhängigkeit vom Kundenprojekt zu konfigurieren.

Vollständigkeit: Der Prozess soll die vollständigen Anforderungen einer Dokumentendigitalisierung abdecken und die in Abschnitt 3.2 beschriebenen Komponenten soweit wie möglich beinhalten. Da sich einige Komponenten, nur bedingt für einen Standardprozess eignen, soll der Prozess in der Lage sein ungefähr 80% der Anforderungen, die durch die Kunden gestellt werden abzudecken.

4.1.2   Technische Anforderungen

Dokumentenstruktur: Der Standardprozess muss in der Lage sein flexible Dokumentenstrukturen als Eingabe zu akzeptieren, diese dann standardisiert zu verarbeiten und eine entsprechende Ausgabe zu generieren. Der angestrebte Prozess soll eine Strukturierung auf

Registerebene, wie auch auf Kapitelebene unterstützen. Die Registerebene wiederrum soll entweder Register trennen die nicht sprechend sind, oder aber nummerierte Register unterstützen. Im ersten Fall würde ein Register also immer gleich behandelt, im zweiten Fall wären Register 1 und Register 2 entsprechend zu unterscheiden.

Auflösung der Bilder: Der Prozess soll in der Lage sein verschiedene Auflösungen beim Einscannen der Bilder zu generieren. Unterstützt werden sollen 100, 200 und 300 dpi. Die Auflösung für Sonderformate soll unterschiedlich zu der Auflösung der Dokumente für den Einzugsscanner gewählt werden können. Also während das Schriftgut beispielsweise in 200 dpi gescannt wird, soll es möglich sein Pläne in 300 dpi zu scannen und die Dokumente der verschiedenen Auflösungen später zusammenzufügen.

Farbtiefe der Bilder: Neben den verschiedenen Auflösungen der Bilder soll der Prozess auch in der Lage sein unterschiedliche Farbtiefen abzubilden. Unterstützt werden sollen bitonale Bilder in Schwarz-Weiß, 8 Bit Graustufenbilder und 24 Bit Farbe. Neben der reinen Angabe einer Farbigkeit für alle Seiten eines Dokumentes, soll der Wechsel der Farbtiefen innerhalb eines Dokumentes ebenfalls möglich sein.

Exportformate der Bilder: Die durch den Prozess erstellten Ausgabemedien sollen in den Formaten Multipage-Tiff und PDF/a erstellt werden können.

Exportformate der Indexdateien: Neben den unterschiedlichen Formaten für die Ausgabe der Bilddateien, muss der Prozess verschiedene Formate für die Indexdateien erstellen können. Unterstützt werden sollen Text-, CSV- und XML-Dateien

Volltext-OCR: Der Prozess soll die Möglichkeit einer Volltext-OCR bieten.

4.2   Festlegen von Einschränkungen für den Prozess

Neben den Anforderungen für den zu erstellenden Prozess sollen auch Einschränkungen für den Prozess gelten. Die Einschränkungen dienen dazu genau abzugrenzen, was der Prozess leisten soll. Darüber hinaus soll durch die Einschränkungen auch vermieden werden, dass der Prozess während der Modellierung beliebig erweitert und unüberschaubar wird.

4.2.1 Fachliche Einschränkungen

Beschränkung auf ein Konzept: Der zu erstellende Prozess soll ausschließlich auf der Ebene eines Fachkonzeptes beschrieben werden. Vorgaben auf die tatsächliche, technische Umsetzung der einzelnen Module sollen nicht Teil der Modellierung und somit auch nicht Teil der Arbeit sein.

4.2.2 Technische Einschränkungen

Einschränkung der Dokumente: Der zu entwerfende Prozess soll ausschließlich zur Digitalisierung von Dokumenten dienen, die in Form von Ordnern, Akten oder Mappen physisch vorhanden sind. Die Verarbeitung von Eingangspost, die Rechnungsverarbeitung oder die Verarbeitung von virtuellen Dokumenten wie elektronischen Faxen oder E-Mail-Postfächern ist nicht Teil der Anforderungen und soll durch den Prozess nicht unterstützt werden.

4.3 Prozessmodellierung

Im Abschnitt der Prozessmodellierung wird der tatsächlich modellierte Prozess im Rahmen der ARIS-Architektur beschrieben. Zur Beschreibung des Prozesses sind die einzelnen Sichten separat voneinander beschrieben und mit geeigneten Methoden graphisch dargestellt. Eine Zusammenführung der einzelnen Sichten findet ARIS-typisch im Abschnitt 4.3.5. der Beschreibung der Steuerungssicht statt.

4.3.1 Beschreibung der Funktionssicht

Die Funktionssicht für den erstellten Standardprozess ist durch einen Funktionsbaum beschrieben, der wegen seiner Größe in zwei Teile aufgeteilt wurde. Der Funktionsbaum ist prozessorientiert aufgebaut, was bedeutet, dass er genau die Funktionen enthält die auch im Gesamtprozess abgebildet werden.[55] Zur Verbesserung der Übersicht sind neben der Aufteilung in zwei Diagramme einzelne Funktionen zusammengefasst worden. Zusammengefasst wurden die Funktionen dann, wenn sie mehrere Optionen desselben Konfigurationsparameters innerhalb des Prozesses repräsentieren. Die erste Zusammenfassung einer solchen Art findet innerhalb der Strukturbildung statt, bei der als Funktion „Einlegen von Vorblättern für PDF/a oder Multipage-Tiff", die beiden Möglichkeiten dem Kontrollfluss zu folgen zu einer Funktion zusammengefasst sind.

---

[55] Vgl. Allweyer (2007), Seite 158 ff.

Der erste Teil des Funktionsbaumes behandelt alle Funktionen des Prozesses, die vor dem Scannen der physischen Dokumente stattfinden. Da vor dem Scannen alle Konfigurationen und Vorbereitungen für die spätere, teils automatisierte, Verarbeitung stattfinden, sind die Funktionen mit besonders hoher Sorgfalt durchzuführen, um Fehler zu vermeiden, die eine erneute Durchführung der manuellen Tätigkeiten nach sich ziehen.

Der Gesamtprozess beginnt mit der Funktion der Dokumentenübernahme, bei der die zu digitalisierenden Dokumente auf Beschädigungen überprüft werden. Je nach Absprache mit dem Kunden, umfasst diese Kontrolle auch eine Kontrolle von Plomben und Siegeln, die ggf. an den Transportboxen angebracht sind um die Daten zu schützen. Sollte bei der Übernahme ein Mangel festgestellt werden, muss Rücksprache mit dem Kunden gehalten und ein weiteres Vorgehen abgestimmt werden. Je nach Ergebnis der Rücksprache können hierbei die Dokumente an den Kunden zurückgegeben werden und es kommt zu einem sofortigen Abbruch der Bearbeitung.

Im Anschluss an die Übernahme der Daten erfolgen die Vorerfassung und die Registrierung, die beide untrennbar miteinander vereint sind und die zweite Funktion bilden. Eine Vorerfassung findet i.d.R. ausschließlich auf Daten statt, die sich auf den Dokumententrägern befinden. Beispiele hierfür sind Texte von Ordnerrücken, Aktenzeichen und Personalnummern, die außen auf einer Mappe angebracht sind. Da diese Informationen nur unter großem Aufwand in den Prozess eingebracht und digitalisiert werden können ist hier immer eine Vorerfassung notwendig. Die erfassten Informationen dienen dann der Erstellung der Aktenvorblätter und sind ggf. auch Bestandteil des Barcodes, der registriert wird. Neben der Vorerfassung beim Dienstleister, können die Daten auch durch den Kunden mitgeliefert, oder die Vorblätter bereits vom Kunden erstellt und eingelegt werden. Dieses Vorgehen bietet sich immer dann an, wenn der Kunde die notwendigen Informationen bereits in einer Datenbank verwaltet, von der aus die Daten exportiert werden können. Sind die Vorblätter zu den Dokumenten eingelegt, wird jedes Dokument registriert.

Die Arbeitsvorbereitung und Strukturbildung dient dazu die Dokumente so vorzubereiten, dass sie später gescannt werden können. Diese Vorbereitung umfasst vor allem die Tätigkeiten des Entheftens, Entklammerns, Glättens, Trennens und des Reparierens der Originaldokumente. Da während dieser Tätigkeiten die einzelnen Seiten aus den Dokumententrägern entnommen werden um einen Scanstapel zu bilden, werden im selben Arbeitsschritt auch die Vorblätter und Trennbelege eingelegt. Das Festlegen des Ausgabeformates und der OCR-Optionen erfolgt hierbei an erster Stelle, da die Vorblätter für diese Optionen an den Anfang des Stapels gelegt werden sollen. Die Trennbelege für die Kapitel und die

Registerbildung hingegen werden, je nach Vorgabe, während der Arbeitsvorbereitung zwischen die einzelnen Seiten des Dokumentes eingefügt. Nach diesem Schritt ist ein einziger vollständig strukturierter Scanstapel pro Dokument vorhanden.

Die letzte Funktion des ersten Teils des Funktionsbaumes dient dazu die Sonderformate für Flachbettscanner und Planscanner vom Rest des Scanstapels zu trennen, der mit Hilfe des Einzugsscanners verarbeitet wird. Hierzu werden die physischen Stapel entsprechend getrennt und Platzhalterbarcodes in den Stapel für den Einzugsscanner eingefügt. Nach der Trennung der einzelnen Stapel werden ihnen Vorblätter für die Auflösung und die Farbtiefe hinzugefügt. Durch das Einfügen der Vorblätter zu den einzelnen Teilstapeln ist es möglich die voneinander getrennten Formate verschieden zu verarbeiten und somit beispielsweise Plangut oder Zeichnungen in einer anderen Auflösung zu produzieren als das Schriftgut.

Der erste Teil des Funktionsbaumes ist in der Abbildung 9 dargestellt:

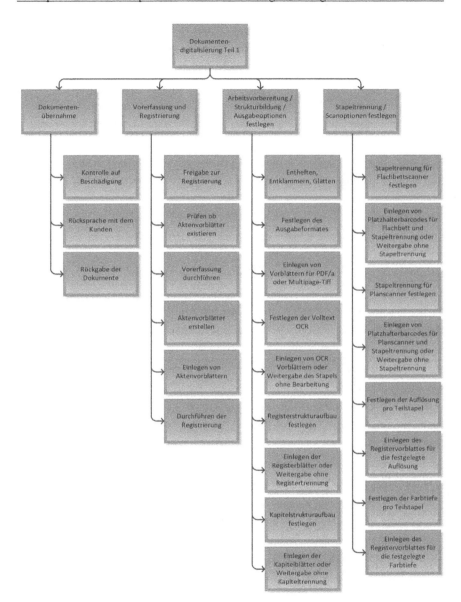

Abbildung 9: Funktionsbaum Standardprozess Teil 1

Der zweite Teil des Funktionsbaumes beginnt mit dem Scannen der Dokumente und somit mit der eigentlichen Digitalisierung selbst. Hierzu werden die Scanstapel nach der Freigabe für die Bearbeitung getrennt und an die unterschiedlichen Arbeitsplätze mit den verschiedenen Scangeräten verteilt und verarbeitet. Das Scannen erfolgt für jeden Scanner in einer Auflösung von 300 dpi. Es müssen sowohl farbige JPEG Bilder, als auch bitonale Tiff Bilder generiert werden. Mittels einer entsprechenden Konfiguration sind moderne Scanner in der Lage beide Bildtypen gleichzeitig zu erstellen und gemeinsam weiterzuverarbeiten.

Nach dem Scannen der Dokumente erfolgt die Trennung zwischen den physischen Dokumenten und den erstellten Daten. Die physischen Dokumente werden nach dem Scannen an die Qualitätsprüfung weitergegeben und warten hier darauf, dass die Indizierung und Bildbearbeitung auf den Bildern abgeschlossen ist. Bevor die Indizierung durchgeführt werden kann, werden die Scandaten bei den einzelnen Scannern mittels eines automatischen Kollektors eingesammelt, in das Verarbeitungssystem übergeleitet und zur Nacherfassung bereitgestellt. Zum Bereitstellen müssen alle Barcodes mittels einer entsprechenden Software ausgelesen werden. Die ausgelesenen Barcodes dienen dann dazu den Stapel zu identifizieren, ihn mit der richtigen Stapelnummer zu versehen und anschließend die Dokumentenstruktur zu erzeugen. Ist die Dokumentenstruktur erzeugt, können dann entsprechend der Vorgabe für den einzelnen Kunden Werte erfasst werden. Zur Erfassung wird jeweils die erste Seite eines Dokumentes angezeigt, die sich nach einem zu erfassendem Trennbeleg befindet. Sollen also beispielsweise Werte pro Register erfasst werden, so wird für jedes Registertrennblatt die darauffolgende Seite angezeigt und die entsprechenden Werte erfasst.

Im Anschluss an die Erfassung muss jeder Stapel eine Reihe von automatischen Prozessschritten durchlaufen. Der erste Schritt ist hierbei eine Bildoptimierung, die zur Verbesserung der Bildqualität und zum Entfernen von leeren Rückseiten dient. Nach der Optimierung werden die einzelnen Scanstapel wieder zusammengeführt und die restlichen Barcodes entfernt. Damit die Barcodes entfernt werden können ist es notwendig die Konfigurationen die mit den Barcodes verbunden sind anzuwenden. Sollten die einzelnen Teilstapel also beispielsweise unterschiedliche Auflösungen zugewiesen bekommen haben, so werden die Bilder nun entsprechend angepasst. Hierzu wird beginnend mit dem ersten Trennbeleg, die Auflösung im Stapel entsprechend angepasst. Ab dem zweiten Trennbeleg wird dann die Auflösung wieder angepasst bis zum nächsten Trennbeleg oder bis zum Stapelende. Um dieses Vorgehen zu ermöglichen ist es notwendig, die Seiten immer in 300 dpi zu scannen, da sie dann beliebig runterskaliert werden können, was bei einem automatischen raufsetzen der Auflösung nicht möglich ist. Sind alle Barcodes aus dem Stapel entfernt, wird die Ausgabedatei entsprechend des eingelegten Vorblattes für das Ausgabeformat erzeugt. Auf der erzeugten Ausgabedatei wird dann die OCR durchgeführt. Nachdem alle Ausgabedateien zur Verfügung stehen, werden diese ebenfalls an die Qualitätsprüfung weitergeleitet. Während dieser Prüfung werden die generierten Daten anhand der Originaldokumente verschiedener Prüfungen und Vergleiche unterzogen. Sollten bei der Prüfung Fehler festgestellt werden, weil zum Beispiel ein Wert falsch erfasst wurde, so können diese direkt behoben werden und das Dokument geht in eine erneute Prüfung, bis keine Fehler mehr gefunden werden. Sollten Fehler im Strukturaufbau oder in den Bildern selbst festgestellt werden, weil beispielsweise ein Doppelblatteinzug stattgefunden hat, so werden die physischen Dokumente zurück in die Verarbeitung gegeben und dort erneut gescannt oder neu aufbereitet.

Nach Abschluss der Qualitätsprüfung sind die Daten fertig produziert und die physischen Dokumente werden nicht mehr benötigt, weshalb diese in die Zwischenlagerung weitergereicht werden. Die Zwischenlagerung dient hierbei vor allem dazu, auf Reklamationen der Kunden reagieren zu können und ggf. eine neue Verarbeitung durchzuführen. Insbesondere wenn die Originaldokumente nach der Digitalisierung vernichtet werden sollen, ist so noch eine reale Möglichkeit gegeben, Fehler, die bei der Qualitätsprüfung nicht aufgefallen sind beheben zu können. Sollten die Dokumente nach der Digitalisierung wieder an den Kunden oder an einen anderen Dienstleister zurückgegeben werden, so haben die Kunden nun auch noch die Möglichkeit die Dokumente zurückheften und somit in den Originalzustand zurückversetzen zu lassen. Die Rückheftung erfolgt allerdings erst nach einer mit dem Kunden vereinbarten Zwischenlagerungszeit, damit im Falle einer Beanstandung keine erneute Aufbereitung und somit doppelte Arbeit notwendig ist. Da es sich bei der Rückheftung um den letzten Arbeitsschritt handelt, der mit den physischen Dokumenten stattfindet, folgt direkt im Anschluss an diesen der Check-Out. Nach dem Auschecken der Dokumente sind diese dann nicht weiter im Track und Trace der Digitalisierungsprozesse zu finden.

Bevor die Daten endgültig an den Kunden ausgeliefert bzw. übertragen werden, können diese durch eine digitale Signatur ergänzt werden. Mit dem Bereitstellen der Daten für den Kunden ist die letzte Funktion des Prozesses abgeschlossen und die Digitalisierung beendet.

Der gerade beschriebene zweite Teil des Funktionsbaumes zur Dokumentendigitalisierung ist in Abbildung 10 dargestellt.

Abbildung 10: Funktionsbaum Standardprozess Teil 2

4.3.2 Beschreibung der Leistungssicht

Um die Leistungen des Standardprozesses zu beschreiben ist ein Leistungsbaum erstellt worden. Der Baum besteht aus sechs grundlegenden Leistungen, die teilweise selbst noch einmal unterteilt worden sind, da sie auf verschiedene Arten geleistet werden können. Die Hauptleistung des Prozesses ist das Scannen bzw. das Digitalisieren der Dokumente. Das Scannen selbst kann für verschiedene Formate an den unterschiedlichen Scangeräten durchgeführt werden und teilt sich daher in die drei Leistungen Planscannen, Einzugsscannen und Flachbettscannen auf.

Die zweite Leistung im Gesamtprozess ist die Datenerfassung, bei der Daten aus den Dokumenten heraus erfasst werden. Die Datenerfassung ist nicht nur notwendig um die einzelnen Dokumente oder Register eindeutig erzeugen zu können, sondern bietet gerade im Bereich von DMS-Systemen und dem Einspielen der Daten in ein solches System einen Mehrwert beim Erstellen von Metainformationen.

Die Dokumente können während der Verarbeitung strukturiert werden. Die Strukturierung erfolgt auf der Ebene von Kapiteln und Registern. Die Strukturierung kann auf vollständig unstrukturierten Dokumenten genauso durchgeführt werden, wie auf bereits strukturierten Dokumenten, so dass auch hier ein Mehrwert für den Kunden geleistet wird.

Eine weitere Leistung ist das Erstellen einer digitalen Signatur über die erzeugten Daten, so dass der Kunde seine digitalisierten Dokumente rechtssicher zur vollständigen Ablösung der physischen Dokumente nutzen kann.

Das Erstellen einer Volltext OCR über die digitalen Dokumente bietet dem Kunden eine Leistung, die Vorteile gegenüber den physischen Dokumenten bietet, da das ganze Dokument inhaltlich durchsucht werden kann. Auf diese Weise können Daten schneller gefunden oder die Informationen innerhalb eines DMS-Systems als Metainformationen genutzt werden.

Die letzte, im Baum aufgezeigte Leistung ist die Bereitstellung der Daten. Das Bereitstellen wird hierbei wieder in zwei unterschiedliche Leistungen unterteilt. Zum einen die Bereitstellung und auch automatische Übertragung mittels eines FTP-Servers und zum anderen das Bereitstellen auf einem Datenträger wie einer CD oder einer mobilen Festplatte. Alle Exportleistungen umfassen die Möglichkeit die Daten zu verschlüsseln um die Vertraulichkeit der Inhalte zu gewähren. Alle beschriebenen Leistungen sind in Abbildung 11 als Leistungsbaum dargestellt.

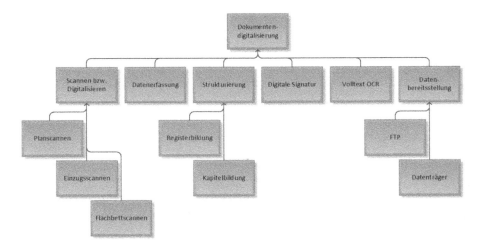

Abbildung 11: Leistungsbaum Standardprozess

4.3.3 Beschreibung der Datensicht

Der entworfene Prozess beschreibt einen Gesamtprozess, der eine Vielzahl von manuellen Tätigkeiten beinhaltet und vordergründig nicht zum Entwurf und der Implementierung einer Software dient. Dies und die Tatsache, dass nur die Informationen selbst und nicht der Aufbau der Daten, die im Prozess genutzt werden von Relevanz sind, sind die Gründe, weshalb die Beschreibung der Datensicht textuell und nicht unter Zuhilfenahme bestimmter Modelle erfolgt.

Im gesamten Prozess werden insgesamt zwei Dokumente benötigt, das Produktionshandbuch während des gesamten Prozesses und der Prüfbericht in der Qualitätskontrolle.

Das Produktionshandbuch stellt ein Dokument dar, dass sowohl zur Konfiguration der benötigten EDV-Systeme genutzt werden soll, als auch zur Anleitung der Mitarbeiter in der Produktion. Die Inhalte des Produktionshandbuches lassen sich in fünf verschiedene Punkte aufteilen, wobei die Grenzen zwischen den einzelnen Teilen teilweise fließend sind und ineinander übergehen.

Der erste Teil stellt eine Prozessbeschreibung dar, in der für die Projektbeteiligten beschrieben ist, wie das Projekt geplant ist und was das Ziel des Projektes ist. In der technischen Konfiguration ist dann genau festgehalten welche Parameter für die Verarbeitung festgelegt wurden, zum Beispiel welche Auflösung beim Scannen benutzt werden soll, welches Ausgabeformat die Dokumente haben sollen und wie die Dokumentenstruktur aufzubauen ist. Im dritten Teil, dem Benutzerhandbuch für die Produktion, befindet sich eine Anleitung für die Produktionsmitarbeiter. Die Anleitung beschreibt genau, wie die Dokumente aufzubereiten sind und was bei dem Durchführen der Aufarbeitung zu berücksichtigen ist. Möglicherweise aufkommende Fragen, beispielsweise wie Kapitel und Register zu unterscheiden sind, oder ob Dokumente zur Verarbeitung getrennt, bzw. zerschnitten werden dürfen, können die Mitarbeiter später selbstständig mit Hilfe des Benutzerhandbuches klären. Die Exportanweisungen dienen dem Exportieren und dem Bereitstellen der Daten durch die IT. In diesem Teil des Produktionshandbuches wird exakt beschrieben, wie die Metadaten der Indexdateien aufzubauen sind, wie die Datenübertragung vereinbart ist und wie die Daten zu verschlüsseln sind. Der letzte Teil des Produktionshandbuches ist eine Kontaktliste aller Projektbeteiligten und Ansprechpartner. Die Struktur des Produktionshandbuches ist in der Abbildung 12 dargestellt.

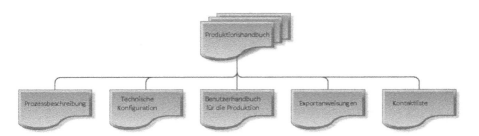

Abbildung 12: Strukturierung Produktionshandbuch

Der Prüfbericht der Qualitätskontrolle ist im Gegensatz zum Produktionshandbuch kein Dokument dessen Informationen in den Gesamtprozess einfließen, sondern ein Dokument das währen der Qualitätskontrolle erstellt wird. Das Dokument selbst dient dazu, gegenüber dem Kunden eine belegbare Dokumentation der Qualitätsprüfungen vorweisen zu können. Informationen die in dem Prüfbericht festzuhalten sind, sind Datum der Prüfung, Name des Mitarbeiters der die Prüfung durchgeführt hat, die Nummern der geprüften Scanstapel und die ggf. festgestellten Fehler, inklusive Maßnahmen zu deren Behebung.

4.3.4 Beschreibung der Organisationssicht

Zur Beschreibung der am Prozess beteiligten Rollen und Organisationseinheiten, wurde ein Organigramm erstellt, durch das die Organisationssicht beschrieben wird. Die Teile des

Organigramms, die für den beschriebenen Prozess nicht von Relevanz sind, werden nicht dargestellt, da sie keinerlei nutzen zur Beschreibung des Prozesses haben.

Insgesamt sind drei Organisationseinheiten zur Beschreibung der Unternehmensorganisation von Bedeutung. Die Produktion, das Projektmanagement und die IT. Alle drei beschriebenen Einheiten unterteilen sich jeweils in eine Leitung der entsprechenden Einheit, die sowohl für die Steuerung, als auch die Organisation des Teilbereichs verantwortlich ist und die Mitarbeiter der entsprechenden Organisationseinheit.

Die Produktion umfasst von allen beschriebenen Teilbereichen die meisten Mitarbeiter und ist für das Durchführen aller operativen Prozessschritte verantwortlich. Unter den Mitarbeitern der Produktion existieren einige Experten. Diese Experten zeichnen sich dadurch aus, dass sie eine bestimmte Aufgabe beherrschen, bzw. für eine bestimmte Tätigkeit ausgebildet sind. Die Experten sind durch die Rollen Erfassungskraft, Scanoperator und QM-Mitarbeiter dargestellt. Arbeiten, die im Prozess durch einen Experten erledigt werden müssen, können nicht durch einen beliebigen Mitarbeiter durchgeführt werden. Arbeiten, die durch einen Produktionsmitarbeiter zu erledigen sind, aber von einem der Experten.

Das Projektmanagement des Unternehmens dient der Planung und der Steuerung der einzelnen Kundenprojekte. Hierzu wird i.d.R. ein Mitarbeiter des Projektmanagements zum Projektleiter für ein Kundenprojekt ernannt. Zu seinen Aufgaben gehört es dann die Anforderungen des Projektes mit dem Kunden zusammen zu besprechen, die Projektanforderungen zu dokumentieren und die Umsetzung des Projektes zu veranlassen und zu kontrollieren.

Die letzte Organisationseinheit im Organigramm ist die IT. Die IT dient während des gesamten Prozesses zur Betreuung, Konfiguration und Wartung der in Rahmen des Prozesses benötigten DV-Systeme. Da es sich bei dem beschriebenen Standardprozess um einen stark operativen Prozess im Sinne eines Fachkonzeptes handelt, dessen Hauptaufgabe nicht die Erstellung einer neuen Software oder die Beschreibung einer solchen Software ist, ist die Art der IT-Mitarbeiter nicht auf bestimmte Rollen festgelegt worden.

Das gerade beschriebe Organigramm, dass dem in 4.3.5 beschriebenen Gesamtprozess zugrunde liegt, ist in Abbildung 13 zu sehen.

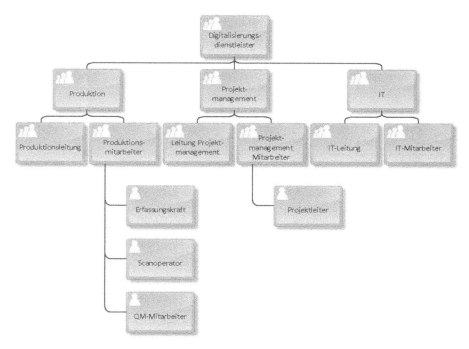

Abbildung 13: Organigramm eines Digitalisierungsunternehmens

4.3.5 Beschreibung der Steuerungssicht

Zur Beschreibung der Steuerungssicht ist ein EPK erstellt worden, durch das die in den Abschnitten 4.3.1 bis 4.3.4 beschriebenen Darstellungen und Modelle miteinander in Zusammenhang gesetzt werden. Durch die Größe und Komplexität des Gesamtdiagramms, wird dieses nun Stück für Stück beschrieben, der jeweils entsprechende Teilausschnitt wird in einer Abbildung dargestellt. Bei der Beschreibung der einzelnen Abschnitte geht es darum die Zusammenhänge der einzelnen Funktionen und Leistungen im Rahmen des Kontrollflusses, unter Berücksichtigung der zu treffenden Entscheidungen zu beschreiben. Die Funktionen, die Leistungen, die Dokumente und die beteiligen Rollen und Organisationseinheiten sind hierzu bereits in den vorhergehenden Abschnitten näher beschrieben worden.

Im ersten Abschnitt des EPK ist die Ankunft der Dokumente beim Digitalisierungsdienstleister dargestellt. Nach der Kontrolle wird hier die erste Entscheidung im Gesamtprozess getroffen, bei der, in Abhängigkeit davon, ob eine Beschädigung erkannt wurde, die Dokumente weiterverarbeitet werden, oder eine Rücksprache mit dem Kunden erfolgt. Da der Prozess jeweils für ein einzelnes Dokument zu betrachten ist, wird an dieser Stelle mit einem XOR und nicht mit einem OR Operator gearbeitet, da eine Verarbeitung von Teildokumenten nicht geplant ist. Die Aufteilung der Arbeiten erfolgt zwischen einem beliebigen Produktionsmitarbeiter und dem Projektleiter, wobei der Projektleiter die Entscheidungen trifft und die Kommunikation mit dem Kunden führt und der Mitarbeiter die physischen Arbeiten mit den Dokumenten durchführt. Diese Aufteilung der Tätigkeiten wird sich im gesamten Prozess fortsetzen und beruht auf den unterschiedlichen Tätigkeitsbereichen der einzelnen Organisationseinheiten und Rollen. Sollte es nicht zu einem Prozessabbruch kommen, werden die Dokumente nach der Kontrolle zu einer möglichen Vorerfassung weitergegeben. Es folgt die Grafik zu Abschnitt 1.

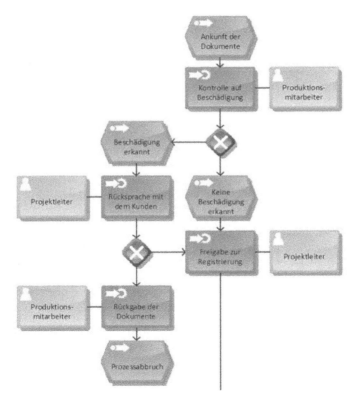

Abbildung 14: EPK Abschnitt 1

Abschnitt 2 des EPKs befasst sich mit der Vorerfassung, dem Einlegen von Registerblättern und dem Registrieren der Dokumente. Eine Vorerfassung ist optional und wird nur dann durchgeführt, wenn der mit dem Kunden vereinbarte Prozess darauf aufbaut. Unabhängig von der Vorerfassung ist es immer notwendig, dass die einzelnen Dokumente ein eindeutiges Dokumentenvorblatt erhalten. Auf diese Weise können sie registriert werden und sind danach jederzeit im Prozessablauf wieder auffindbar. Zum Erstellen der Aktenvorblätter ist hier das erste Mal im Prozessablauf ein IT-Mitarbeiter notwendig. Dieser muss die Vorblätter gemäß der Vorgabe für den Prozess gestalten und die benötigten Informationen verknüpfen, die dann ausgedruckt werden sollen. Außerdem muss er die Systeme so anpassen, dass die Aktenvorblätter auch tatsächlich von Prozess verarbeitet werden können, indem er beispielsweise reguläre Ausdrücke ändert und Prüfroutinen anpasst. Nach der Registrierung werden die Dokumente an die Aufarbeitung weitergegeben. Wie in der folgenden Abbildung 15 zu sehen ist, läuft in das Ereignis „Akte bereit zur Aufarbeitung" ebenfalls ein Kontrollfluss ein. Der Ursprung ist ein Pfeil, der aus der Qualitätskontrolle stammt, die in Abbildung 27 zu sehen ist. Es folgt die Abbildung zu Abschnitt 2.

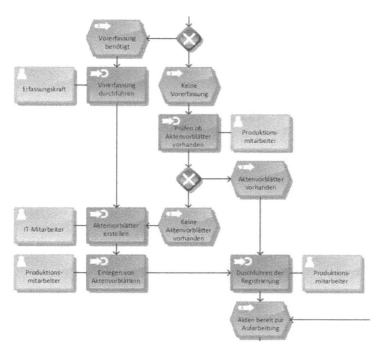

Abbildung 15: EPK Abschnitt 2

Die Aufbereitung beginnt mit dem Entklammern, Entheften, Glätten und Reparieren der Dokumente, damit diese ordentlich verarbeitet werden können. Sind die Dokumente vorbereitet, wird festgelegt, welches Format die zu erstellenden Ausgabedateien am Ende des Prozesses haben sollen. Durch Einlegen von Vorblättern stehen hier die beiden exklusiven Optionen PDF/a und Multipage-Tiff zur Verfügung. Der zuletzt beschriebene Teilprozess ist in Abbildung 16 zu sehen.

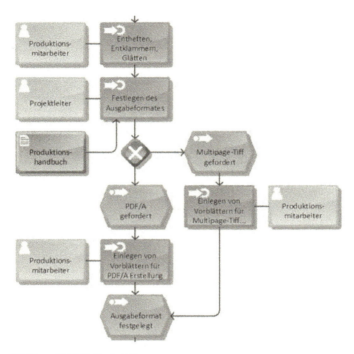

Abbildung 16: EPK Abschnitt 3

Im Anschluss an das Festlegen des Ausgabeformates, wird festgelegt, ob eine Volltext OCR für die Ausgabedokumente zu erstellen ist. Ist im Produktionshandbuch eine entsprechende OCR vorgegeben, so wird ein Vorblatt zur Generierung in den Stapel eingelegt. Sollte keine OCR vereinbart sein, wird der Stapel direkt zum Aufbau der Registerstruktur weitergereicht, wie in der folgenden Abbildung zu sehen ist.

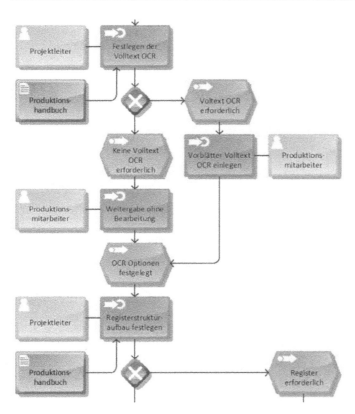

Abbildung 17: EPK Abschnitt 4

Der nach rechts aus dem Abschnitt 4 herausgehende Kontrollfluss endet im Abschnitt 5, wie er in Abbildung 18 zu sehen ist. Beschrieben wird hier die Entscheidung darüber, wie die Strukturbildung für das Dokument durchgeführt wird. Es ergeben sich die Möglichkeiten nummerierter Register ohne Kapitel, nummerierter Register mit Kapitel, nichtnummerierte Register ohne Kapitel und nichtnummerierte Register mit Kapitel. Jede der vier Alternativen soll durch das Einlegen von Trennblättern in den Stapel realisiert werden. Nach dem Einlegen der Blätter läuft der Kontrollfluss wieder zum alternativen Kontrollfluss aus Abbildung 19 zusammen.

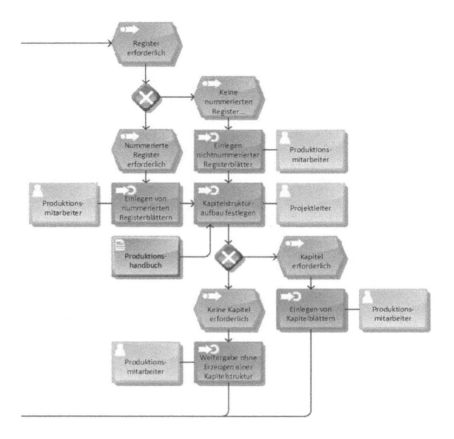

Abbildung 18: EPK Abschnitt 5

Abbildung 19 zeigt die Möglichkeit einen Stapel ohne das Erzeugen einer Registerstruktur zu erstellen. Hierzu wird einfach nichts mit dem Stapel gemacht, sondern dieser direkt an die nachfolgenden Teilprozesse weitergereicht. Zusammen mit der Möglichkeit ohne Register stehen im gesamten Prozess demnach fünf Registerstrukturen zur Verfügung, die aufgebaut und im Anschluss zur Indizierung bzw. Nacherfassung genutzt werden können.

Abbildung 19: EPK Abschnitt 6

Nach der Entscheidung über die Registerstruktur des Dokumentes, wird eine Stapeltrennung für die verschiedenen Scannertypen durchgeführt. Die Reihenfolge ist an dieser Stelle so gewählt, damit die Optionen für das Ausgabeformat und das Durchführen einer OCR auf dem auszugebenden Dokument immer identisch sind. Durch das Zusammenführen der einzelnen Bilder vor der Erstellung der Ausgabedateien, kann so jeweils die Option auf den ganzen Stapel angewendet werden. Die Stapeltrennung selbst ist an dieser Stelle ein einfacher Entscheidungsprozess, der vollständig von den Vorgaben aus dem Produktionshandbuch abhängig ist. Die Stapeltrennung ist in Abbildung 20 dargestellt.

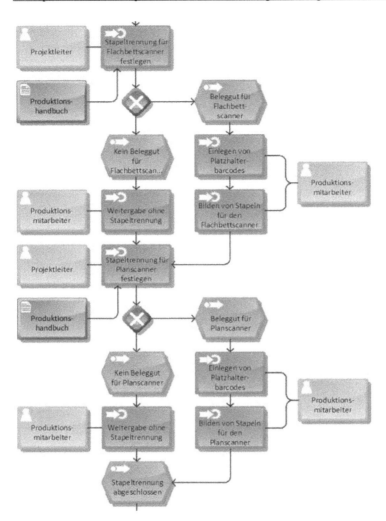

Abbildung 20: EPK Abschnitt 7

Durch die Stapeltrennung können einzelne Optionen für die Teilstapel festgelegt werden, wobei einmal die Auflösung festgelegt wird, wie es in Abbildung 21 zu sehen ist und einmal die Farbtiefe, wie in Abbildung 22 zu sehen. Beide Entscheidungen sind vom Aufbau her vollkommen identisch und bieten jeweils drei voneinander unabhängige, sich ausschließende Entscheidungsmöglichkeiten. Grundlage für die Entscheidung ist das Produktionshandbuch.

Die Optionen zum Wählen der Auflösung von 100 dpi, 200 dpi und 300 dpi sind in der folgenden Abbildung zu sehen.

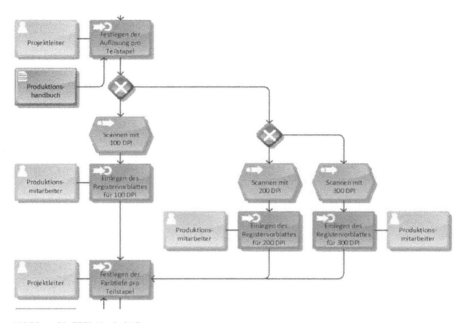

Abbildung 21: EPK Abschnitt 8

Den Kontrollfluss zum Festlegen einer Farbtiefe zwischen Schwarz-Weis (S/W), Graustufen und Farbe ist in Abbildung 22 dargestellt.

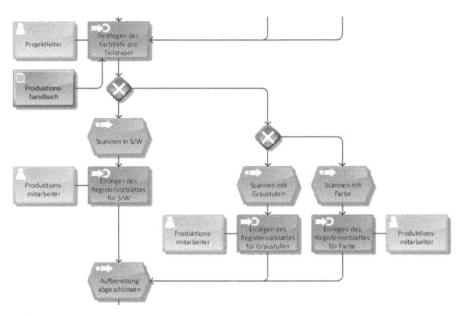

Abbildung 22: EPK Abschnitt 9

Nachdem die Scanoptionen vollständig festgelegt sind, ist die Aufbereitung abgeschlossen und die Dokumente können verarbeitet werden. Hierzu werden diese zum Scannen weitergegeben, wo zunächst die einzelnen Stapel getrennt werden, um sie auf die verschiedenen Scannertypen zu verteilen. Die Verteilung der Stapel ist, wie in Abbildung 23 zu sehen ist, die erste OR-Verknüpfung im Gesamtprozess, da hier ein Ursprungsstapel über mehrere Scanner parallel verarbeitet werden kann. Die Verarbeitung erfolgt hierbei das erste Mal durch einen Experten der Produktion, dem Scanoperator, einem speziell zur Bedienung der Scanner geschulten Mitarbeiter.

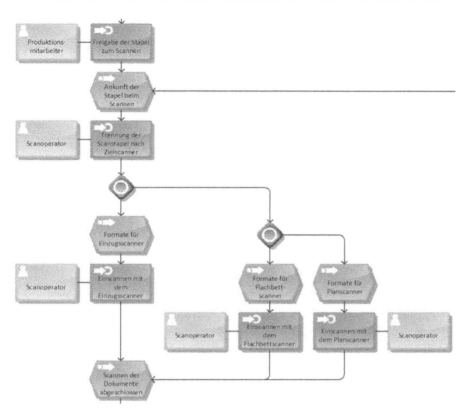

Abbildung 23: EPK Abschnitt 10

Nach dem Scannen der Dokumente erfolgt die Trennung der Daten und der Dokumente, es kommen nun verstärkt Softwaremodule zum Einsatz. Die Verarbeitung der Daten und die Weitergabe der Dokumente zur Qualitätskontrolle erfolgt parallel, wie durch den UND-Konnektor dargestellt ist. Die Abbildungen 24 und 25 beschreiben zunächst den Kontrollfluss der Daten, die indiziert werden. Hierzu werden Sie durch die Scannersoftware bereitgestellt, mittels Software-Agents, den sogenannten Kollektoren eingesammelt und anschließend auf Ihre Registerstruktur geprüft. Die Prüfung ist technisch gesehen ein Auslesen der Barcodes. Die Bilder werden so aufgeteilt, dass sie richtig nacherfasst werden können. Abbildung 24 zeigt die gerade beschriebene Trennung der Daten und der Dokumente.

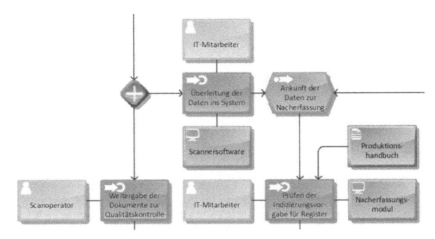

Abbildung 24: EPK Abschnitt 11

Die Informationen darüber, ob eine Nacherfassung stattfinden soll oder nicht, sind vorkonfiguriert im Nacherfassungsmodul enthalten, welches durch einen Mitarbeiter der IT gemäß der Angaben im Produktionshandbuch angepasst wurde. Die Erkennung der Methode, welche Erfassung pro Stapel durchzuführen ist erfolgt durch die Stapelbarcodes, die eindeutig einem Mandanten und somit einem Vorgehen zugeordnet werden können. In dem Standardprozess gibt es die Möglichkeit Kapitel oder Register zu indizieren. Die Indizierung der Daten erfolgt durch eine spezielle Erfassungskraft. Die Möglichkeiten der Nacherfassung sind in Abbildung 25 zu sehen.

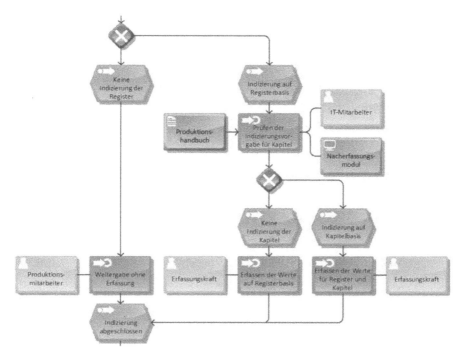

Abbildung 25: EPK Abschnitt 12

Nach der Indizierung der Daten, werden die Ausgabemedien erzeugt. Die Erstellung der Ausgabemedien erfolgt durch entsprechende Softwaremodule. Im Gegensatz zum Nacherfassungsmodul, das gemäß der Vorgabe aus dem Produktionshandbuch angepasst werden muss, sind alle in Abbildung 26 genutzten Module und Komponenten vollständig autonom. Sie entsprechen in ihrer Vorgehensweise genau dem Standardprozess und interpretieren hierzu genau die Stapelvorblätter und Trennblätter, die zu Anfang des Prozesses eingelegt wurden. Die Schritte zum Erstellen der Ausgabedateien sind in Abbildung 26 abgebildet.

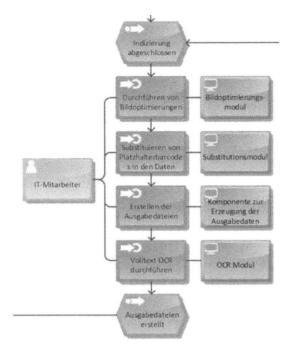

Abbildung 26: EPK Abschnitt 13

Nach der Erzeugung der Ausgabedateien, laufen die Kontrollflüsse der Dokumente und der Daten wieder zusammen zur Qualitätskontrolle. Für den Gesamtprozess ist die Qualitätskontrolle der Teilprozess mit den weitesten Verzweigungen innerhalb des Gesamtprozesses. Wie im EPK Abschnitt 14 zu erkennen ist, wird die Qualität der Daten gegen das Originaldokument geprüft und hierzu ein Prüfbericht verfasst. Werden Fehler gefunden, wird zunächst versucht diese direkt zu beheben. Sollte das Beheben allerdings auf Grund der Art des Fehlers nicht möglich sein, so wird das physische Dokument im Prozess wieder zurückgegeben und erneut bearbeitet. Mögliche Prozessstellen für eine erneute Bearbeitung sind die Strukturbildung, das Scannen oder die Erfassung. Das Vorgehen für die Qualitätskontrolle ist in Abbildung 27 abgebildet.

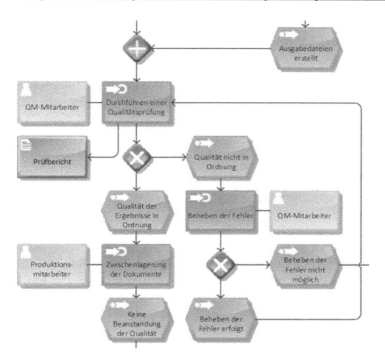

Abbildung 27: EPK Abschnitt 14

In Abbildung 28 sind die letzten Möglichkeiten des Kontrollflusses zu sehen, die für die zu exportierenden Daten im Prozess vorhanden sind. Nachdem die Qualitätskontrolle abgeschlossen ist, teilt sich der Kontrollfluss durch einen UND-Konnektor. Hierbei gehen die Daten weiter zur optionalen, digitalen Signatur. Unabhängig davon, ob die Signatur durchgeführt wird oder nicht werden dem Kunden danach die Daten zur Verfügung gestellt. Das Zurverfügungstellen umfasst sowohl das Brennen der CDs oder die Übertragung der Daten per FTP, als auch das Erstellen der Index-Dateien und der Ausgabedateien. Zwar sind die Ausgabedateien bereits in Abschnitt 13 erstellt und in Abschnitt 14 für die Qualitätskontrolle genutzt worden, dennoch sind sie aber vor dem Export der Daten nur innerhalb der Prozessplattform vorhanden und müssen nun noch exportiert werden. Was die Indexdateien angeht, so wurde im Prozess bisher nur auf die Daten des Systems zugegriffen. Im Rahmen des Export müssen diese nun in ein Format wie eine Textdatei ausgegeben werden und das gemäß der Vorgabe im Produktionshandbuch. Neben dem Export der Daten gehen die physischen Dokumente nun in die Zwischenlagerung, wo sie für einen vereinbarten

Zeitraum aufbewahrt werden. Sollte während dieser Zeit keine Beanstandung durch den Kunden erfolgen, so werden die Dokumente weiterverarbeitet. Andernfalls kann erneut auf die Dokumente zugegriffen werden. Dies ist allerdings nicht Teil des beschriebenen Prozesses und wird daher auch nicht näher beschrieben. Wie in der nachfolgenden Abbildung 28 zu sehen erfolgt nach der Zwischenlagerung die Rückheftung der Dokumente.

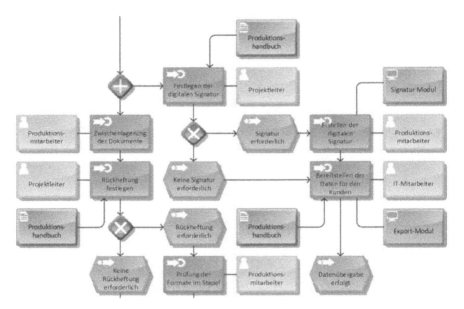

Abbildung 28: EPK Abschnitt 15

Sofern die Dokumente zurückgeheftet werden sollen, werden nun verschiedene Schritte mit den Stapeln durchgeführt. Wenn ein Stapel aus mehreren Formaten besteht und zuvor in unterschiedliche Scanstapel aufgeteilt wurde, so werden nun die Dokumente wieder zusammengeführt und die Platzhalterbarcodes entfernt. Anschließend werden außerdem alle Trennblätter und Barcodeblätter entfernt und die Dokumente wieder zurück in ihr Trägermedium geheftet. Sind zum Schluss alle Arbeiten mit dem physischen Dokument durchgeführt, erfolgt der Check-Out aus dem Prozess und danach die Rückgabe oder die Vernichtung der Daten gemäß Vorgabe aus dem Produktionshandbuch. Die gerade beschriebenen Schritte sind in Abbildung 29 dargestellt.

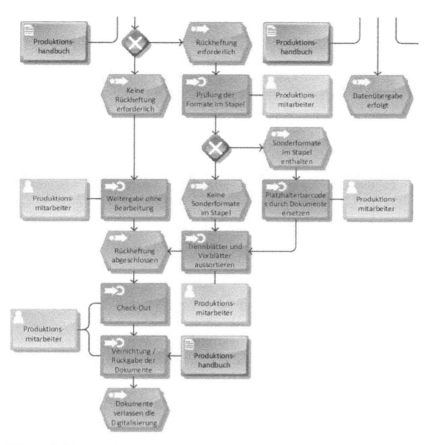

Abbildung 29: EPK Abschnitt 16

5   Prozessbetrachtung

5.1   Betrachtung der Prozessoptimierungen

Im vorliegenden Abschnitt wird der erstellte und beschriebene Prozess einer abschließenden Betrachtung unterzogen. Hierzu wird zunächst beurteilt, ob und wie die in den Kapiteln 4.1 und 4.2 gestellten Anforderungen erfüllt sind. Anschließend werden die einzelnen Prozessoptimierungen, die der Prozess im Gegensatz zur Ausgangssituation bietet beschrieben und aufgezeigt welchen Einschränkungen der erstellte Prozess unterliegt.

5.1.1   Betrachtung des Erfüllungsgrades der Anforderungen

Der entworfene Standardprozess erfüllt die fachlichen Anforderungen, die an ihn gestellt wurden vollständig. Die Konfigurierbarkeit wird durch die verschiedenen Kontrollflüsse selbst dargestellt, mit der vor allem in der Aufbereitung eine Vielzahl von Optionen zur Konfiguration abgebildet werden. Die einzelnen Optionen sind dabei immer durch die Vorgabe im Produktionshandbuch und somit durch eine Absprache mit dem Kunden vorgegeben. Durch die einzelnen Konfigurationsoptionen, wird der Prozess selbst niemals verändert. Unabhängig von den Parametern durchläuft jedes Dokument denselben einmalig festgelegten Prozess. Der entworfene Prozess ist somit multiprojektfähig und auch in der Lage Dokumente aus unterschiedlichen Projekten, parallel zu verarbeiten ohne Anpassungen vornehmen zu müssen. Da der Prozess außerdem alle in Abschnitt 3.2 beschriebenen Schritte umfasst, die innerhalb der Dokumentendigitalisierung zum Einsatz kommen können, erfüllt er auch die Anforderung der Vollständigkeit.

In Bezug auf die technischen Anforderungen erfüllt der Prozess die Anforderungen nicht vollständig. Die Erstellung einer Dokumentenstruktur ist genau in der geforderten Form möglich. D.h., es ist möglich eine Strukturierung durch Register und Kapitel vorzunehmen, wobei die Register sowohl nummeriert, als auch ohne Nummerierung genutzt werden können. Die Auflösung der Bilder und die Farbtiefe der Bilder können ebenfalls genau in den geforderten Ausprägungen durch den Prozess abgebildet werden. Ein Wechsel zwischen den Auflösungen und der Farbtiefe innerhalb des Dokumentes ist allerdings nur in einer beschränkten Art und Weise möglich und nicht vollkommen beliebig durchführbar. Die Anforderungen selbst geben keinerlei Einschränkungen vor, was den Wechsel angeht. Der Standardprozess hingegen erlaubt auf Grund seines Aufbaus nur Wechsel innerhalb der einzelnen Teilstapel. Die Exportformate für die einzelnen Ausgabemedien werden wie gefordert durch die Möglichkeit zwischen PDF/a und Multipage-Tiff zu wählen, erfüllt. Ebenso bietet der Prozess die Option eine Volltext OCR auf den Ausgabemedien zu erstellen. Als letzte, technische Anforderung wurde gefordert verschiedene Exportformate für die Indexdateien zu unterstützen. Da die geforderten Formate .txt, .xml und .csv nicht explizit in den Prozess mitaufgenommen wurden und auch keine Optionen des selbigen darstellen, ist die Anforderung aus Sicht des Prozesses nicht erfüllt.

Die in Abschnitt 4.2 geforderten Einschränkungen werden durch den Prozess nicht überschritten und vollständig eingehalten. Parallelen zur Verarbeitung anderer Dokumentenklassen und –typen lassen sich nicht vollständig ausschließen, sind aber dem Gegenstand des Prozesses der Digitalisierung selbst und nicht dem Prozess anzulasten.

Der erstellte Prozess und die Beschreibung in den einzelnen Sichten der ARIS-Architektur, gehen an keiner Stelle über die Ausarbeitung eines Konzeptes hinaus und bewegen sich ausschließlich auf der Ebene eines Fachkonzeptes.

5.1.2   Betrachtung der Optimierungen

Im Vergleich zur Ausgangssituation, welche im Kapitel 3.2 beschrieben ist, bietet der konzipierte Standardprozess verschiedene Prozessoptimierungen für einen Dienstleister in der Dokumentendigitalisierung. Der Prozess vereinheitlicht eine Vielzahl von unterschiedlichen Kundenprozessen, die nun alle mit Hilfe eines neuen Prozesses abgebildet werden können. Durch die Vereinheitlichung des Verfahrens wird die Digitalisierung von Dokumenten zusätzlich stark vereinfacht. Sowohl in Bezug auf die Organisation der operativen Prozesse und EDV-Systeme, als auch auf die angebotenen Produkte selbst. Mit einem eindeutigen Prozess ist es für den Vertrieb und das Projektmanagement einfacher mit dem Kunden über Möglichkeiten der Umsetzung zu verhandeln und ein Vorgehen zu vereinbaren. Durch die einmalige Umsetzung des konzipierten Prozesses entfallen zusätzlich viele Fehlerquellen, wie sie bei der Einführung neuer Prozesse auftreten können. Nach der Umsetzung des Prozesses ist es dem Unternehmen möglich, schnell mit einem neuen Kundenprojekt starten zu können und dabei auf einen fehlerfreien und getesteten Prozess zurückzugreifen. Neben den Fehlern minimieren sich durch den Standardprozess auch viele Aufwände, die notwendig sind um die Mitarbeiter für einen neuen Prozess zu schulen. Die Mandanten werden zwar nach wie vor separat und unterschiedlich bearbeitet, aber die Vorgehensweise und die Bedeutung der verschiedenen Vor-und Trennblätter ist in jedem Prozess identisch und somit für die Mitarbeiter der Produktion eindeutig und nachvollziehbar. Neben der Beschleunigung der Prozessdurchlaufzeiten wird sich auch die Qualität der gesamten Produktion verbessern. Die Ursachen hierfür ergeben sich zum einen aus dem verbesserten Verständnis und der Minimierung möglicher Fehlerquellen, zum anderen aus der Möglichkeit Kontrollmechanismen kontinuierlich über viele Kundenprojekte und einen langen Zeitraum hinweg zu optimieren und zu erweitern.

5.1.3 Einschränkungen des neuen Prozesses

Der Standardprozess bietet eine Vielzahl von Möglichkeiten und ebenso ein hohes Maß an Prozessoptimierungen für einen Digitalisierungsdienstleiter. Er unterliegt aber auch bestimmten Einschränkungen und kann daher nicht für jeden Kunden und jedes Projekt eingesetzt werden. Die erste Einschränkung ist durch die vorgegebene Dokumentenstruktur bedingt. Sollte ein Kunde Anforderungen haben, die von den Möglichkeiten abweichen, so sind diese nicht durch den Standardprozess abbildbar. Für den Kunden muss ein individueller Prozess erstellt werden. Die Notwendigkeit eines individuellen Prozesses ergibt sich ebenfalls, wenn andere Parameter für die Auflösung, die Farbtiefe, die Ausgabeformate oder die OCR-Optionen gefordert sind.

5.2 Kritische Würdigung des entworfenen Prozesses

Im folgenden Kapitel erfolgt eine kritische Auseinandersetzung mit dem Standardprozess, bei der sowohl die Chancen als auch die Risiken betrachtet werden.

5.2.1 Beurteilung der Chancen

Der entworfene Prozess bietet einem Dienstleister die Chance, die Abläufe im Unternehmen so zu vereinheitlichen und zu standardisieren, dass die Dienstleistung als Produkt verstanden und auch verkauft werden kann. Ein solches Standardprodukt hat gegenüber den ursprünglichen und individuellen Lösungen viele Vorteile. Beispielsweise kann eine bessere Planung für benötigte Aufwände, Materialien und den Personalbedarf durchgeführt werden, was sich wiederrum direkt auf die Angebote und die Preise des Unternehmens auswirkt.

Neben der besseren Kalkulationsgrundlage bietet ein Standardprozess ebenfalls eine sehr gute Grundlage den Vertrieb zu optimieren. Der Grund hierfür ist darin zu sehen, dass ein individueller Vertrieb eine sehr hohe Fachkenntnis über die Möglichkeiten und Standards der Produktion erfordert. Neue Vertriebsmitarbeiter können mit einem festen Standard schneller das entsprechende unternehmensspezifische Wissen aufbauen. Außerdem sinkt die Wahrscheinlichkeit, dass dem Kunden gegenüber Versprechungen oder Zusagen getroffen werden, die technisch oder organisatorisch unmöglich sind, oder einen zu hohen Mehraufwand erfordern.

Neben den Chancen, die in finanzieller oder vertrieblicher Sicht entstehen, bietet der Prozess auch in qualitativer Hinsicht neue Möglichkeiten für den Dienstleister. Zunächst einmal lassen sich auch die Maßnahmen zur Qualitätskontrolle mit in den Standardprozess einbeziehen. Auf diese Weise ist es möglich über viele Projekte hinweg eine einheitliche und gleichbleibend hohe Qualität zu gewährleisten. Durch den langfristig geplanten Einsatz des Prozesses ist es zudem möglich die Maßnahmen zur Sicherstellung und zur Prüfung der Qualität zu erweitern und im Rahmen eines kontinuierlichen Verbesserungsprozesses die Qualität für alle laufenden und zukünftigen Projekte zu verbessern.

Das Controlling des Unternehmens lässt sich durch einen Standardprozess ebenfalls verbessern, da die einzelnen Projekte sich innerhalb des neuen Prozesses direkt miteinander vergleichen lassen. Im Gegensatz zu den individuellen Lösungen bieten sich standardisierte Zahlengrundlagen zur Erhebung von Kennzahlen. Dies stellt beim Vergleich einzelner Kundenprojekte, einzelner Zeiträume oder einzelner Niederlassungen eine optimale Grundlage zum Controlling dar.

Der Standardprozess bietet dem Unternehmen ebenfalls die Chance eine Art Wissensmanagement zu betreiben. Der Prozess ist klar definiert, dokumentiert und die Dokumentation steht für jeden Mitarbeiter zur Verfügung. Das technische Wissen über die Umsetzung und Realisierung der einzelnen Projekte ist nicht mehr nur vom Detailwissen einiger Mitarbeiter abhängig, sondern gleichmäßig über die Mitarbeiter verteilt. Die Vertretung von Mitarbeitern, die Kontrolle der entsprechenden EDV-Systeme und auch die Schulung und Einarbeitung neuer Mitarbeiter wird auf diese Weise vereinfacht und leichter zu realisieren.

5.2.2 Beurteilungen der Risiken

Die Einführung des Standardprozesses selbst ist nicht mit mehr Risiken verbunden, als die Vorgehensweise bei der Einführung eines beliebigen individuellen Kundenprozesses. Ist der Prozess im Unternehmen erst einmal etabliert, so ergeben sich allerdings neue Risiken für den Dienstleister.

Nach der Umstellung auf einen Standardprozess, entstehen bei einer Änderung innerhalb der Systemkonfiguration oder einer Prozesskomponente, direkte Risiken für alle Kundenprojekte, die über den Prozess abgebildet werden. Da es das Ziel sein muss alle Kundenprojekte über den Prozess abbilden zu können, sind demnach auch alle Projekte von einem Fehler oder einer Fehlkonfiguration betroffen. Die Anforderungen für das Aktualisieren der Systeme und die Umstellung und Anpassung neuer Komponenten muss demnach wesentlich höheren Ansprüchen genügen, als es noch bei den einzelnen Kundenprozessen der Fall war, bei denen ein Fehler nicht den vollständigen Betriebsstillstand zur Folge hat.

Neben der Verlagerung der technischen Risiken läuft ein Unternehmen mit einem definierten Standardprozess auch Gefahr den Kundenanforderungen nicht zu genügen. Der entworfene Prozess muss die Anforderungen des Marktes abbilden und darüber hinaus noch gängige Optionen beinhalten. In Bezug auf die Anforderungen ist daher eine ständige Kontrolle und Anpassung notwendig

Neben den Anforderungen des Marktes spielt die Anpassung auch eine Rolle für die Akzeptanz der Mitarbeiter. Hiermit ist weniger die Problematik gemeint, die bei der Einführung neuer Prozesse oder Systeme in einem Unternehmen auftritt, da die Mitarbeiter unsicher sind oder Angst davor haben einer Rationalisierung zu unterliegen. Vielmehr gilt es zu verhindern, dass aus dem Prozess nicht doch wieder viele, individuelle Lösungen entstehen, die alle abgewandelten Formen des Standards entsprechen.

6   Schlussbetrachtung

Der in der vorliegenden Arbeit beschriebene Standardprozess bietet einen guten Ansatz um den Anforderungen eines Digitalisierungsdienstleisters gerecht zu werden. Neben der Tatsache, dass es möglich ist fast alle gestellten Anforderungen vollständig durch den Prozess abzudecken, ist dies vor allem auf die Chancen zurückzuführen, die der Prozess einem Unternehmen bietet. Die Vereinfachung und Standardisierung der Prozesse bietet einem Unternehmen gerade in der Kontrolle und der Verbesserung der Qualität Möglichkeiten, wie sie bei kleineren Projekten sonst kaum zu erreichen sind. Darüber hinaus bietet die Dokumentation der Prozesse, die mit der Standardisierung einhergeht, dem Unternehmen auch die Möglichkeit sich beispielsweise gemäß DIN 9001 zertifizieren zu lassen, oder ein ausgeprägtes Wissensmanagement aufzubauen.

Der konzipierte Prozess hält sich sehr genau an die Vorgaben und Einschränkungen, die getroffen wurden. Dies ist wahrscheinlich darauf zurückzuführen, dass die Anforderungen dem entsprechen, was bei Dienstleistern heute bereits in individuellen Lösungen gefordert ist und somit auch der Praxis des Alltags entspricht. Der Prozess stellt somit keine wirkliche Innovation dar, sondern kombiniert vielmehr bereits vorhandene Lösungen mit einer neuen Sichtweise und versucht so die Vorgehensweise zu optimieren.

Aus Sicht des Fachkonzeptes und der vorliegenden Arbeit verspricht diese neue Sichtweise fast ausschließlich Vorteile und stellt im Gegensatz zu den individuellen Lösungen den besseren Ansatz dar. Es sollte demnach im Interesse eines jeden Digitalisierungsdienstleisters sein, einen eigenen Standardprozess für sich umzusetzen, was in der Praxis jedoch wesentlich schwieriger ist, als bei der bloßen Beschreibung eines entsprechenden Modells auf Fachkonzeptebene. Die Einführung eines solchen Prozesses stellt in der Praxis eine vollständige Anpassung der Organisation im operativen Bereich dar. Zusätzlich zur organisatorischen Komponente müssen außerdem die Einzelheiten des Prozesses geplant und die entsprechenden Softwaremodule entwickelt werden, was ebenfalls einen großen Aufwand bedeuten würde. Allein die Planung und Entwicklung einer Track und Trace Komponente zur Sicherung der Qualität und zur Erhebung der Kennzahlen wäre hierbei schon ähnlich umfangreich wie die vorliegende Arbeit.

Bei der Betrachtung des erstellten Prozesses muss immer berücksichtigt werden, dass es sich ausschließlich um einen Prozess zur Digitalisierung von Dokumenten handelt. Dies hat unmittelbar zur Folge, dass die Belange eines entsprechenden Dienstleistungsunternehmens nur bedingt durch den entworfenen Prozess abgedeckt werden können.

7 Fazit

Mit Hilfe des ARIS-Konzeptes ist es gelungen einen vollständigen und logischen Standardprozess für die Dokumentendigitalisierung zu entwerfen und diesen ausführlich zu beschreiben. Der in der vorliegenden Arbeit beschriebene Standardprozess zur Dokumentendigitalisierung bietet einem Dienstleistungsunternehmen die Chance die eigenen Prozesse zu optimieren, dabei die Umsätze zu erhöhen und die Qualität der erbrachten Leistungen zu verbessern. Neben den Verbesserungen sollte sich das Unternehmen auch über die Risiken und Nachteile im Klaren sein, die eine Prozesseinführung nach sich zieht.

Der in der Arbeit beschriebene Prozess stellt allerdings nur einen ersten Schritt zur Standardisierung der Prozesse innerhalb eines Digitalisierungsunternehmens dar. Zum einen ist das erarbeitete Konzept sehr oberflächlich und bis zu einer realisierbaren Variante ist es noch ein weiter Weg. Zum anderen bildet das Konzept ausschließlich die Digitalisierung von Dokumenten ab und somit nur einen Teil der Dienstleistungen, die für die angesprochenen Unternehmen interessant ist.

Innerhalb der Digitalisierungsindustrie spielen derzeit verstärkt Prozesse eine Rolle, mit denen ein Mehrwert für die Kunden generiert werden kann, was vor allem Prozesse wie die Rechnungseingangsverarbeitung umfasst. Zusätzlich spielen weiterhin Konzepte wie das papierlose Büro eine Rolle für die Digitalisierung von Dokumenten, so das davon auszugehen ist, das sich der Markt zukünftig verkleinern wird. Diese beiden Trends und die Tatsache, dass die Digitalisierung durch den technologischen Fortschritt immer einfacher und günstiger wird, sind tatsächlich dafür entscheidend, ob ein solcher Standardprozess auch in der Praxis erfolgreich sein kann.

Es bleibt demnach abzuwarten, wie genau sich der Markt für die Dokumentendigitalisierung entwickelt, um darüber urteilen zu können. Sicher ist aber, dass die Entscheidung darüber, ob zumindest die Digitalisierung der Dokumente standardisiert wird eher früher als später erfolgen sollte, da der Markt derzeit noch genug Potential zu bieten hat um alle Vorzüge voll ausnutzen zu können.

Quellen- und Literaturverzeichnis

Allweyer, Thomas: (2007). Geschäftsprozessmanagement - Strategie, Entwurf, Implementierung, Controlling, 2. Nachdruck, W3L GmbH, Herdecke, Witten 2007

ARIS Community: ARIS Express, 06. 12 2011, http://www.ariscommunity.com/aris-express/details, Abruf am 06.12.2011

Böhringer, Joachim; Bühler, Peter; Schlaich, Patrick: Kompendium der Mediengestaltung für Digital- und Printmedien, 3. Auflage, Springer-Verlag, Berlin, 2006

Bullinger, Hans-Jörg (Hrsg.); Scheer, August-Wilhelm (Hrsg.): Service Engineering: Entwicklung und Gestaltung innovativer Dienstleistungen, 2. Auflage, Springer-Verlag, Berlin, 2006

Eggert, Sandy: Wandlungsfähigkeit von Enterprise Content Management - Gestaltung wandlungsfähiger ECM-Prozesse unter Verwendung kartographischer Methoden, 1. Auflage, GITO-Verlag, Berlin, 2010

Gadatsch, Andreas: Grundkurs Geschäftsprozess-Management - Methoden und Werkzeuge für die IT-Praxis: Eine Einführung für Studenten und Praktiker, 6. Auflage, Vieweg und Teubner, Wiesbaden, 2010

Grief, Jürgen: ARIS in IT-Projekten, 1. Auflage, Vieweg und Sohn Verlag, Wiesbaden, 2005

Herrmann, Thomas (Hrsg.); Kleinbeck, Uwe (Hrsg.); Krcmar, Helmut (Hrsg.): Konzepte für das Service Engineering - Modularisierung, Prozessgestaltung und Produktivitätsmanagement, 1. Auflage, Physica-Verlag, Heidelberg, 2005

Jankulik, Ernst; Kuhlang, Peter; Piff, Roland:Projektmanagement und Prozessmessung - Die Balanced Scorecard im projektorientierten Unternehmen, 1. Auflage, Publicis Corporate Publishing, Erlangen, 2005

Kampffmeyer, Ulrich; Merkel, Barbara: Dokumenten-Management - Grundlagen und Zukunft, 2. Auflage, Project Consult GmbH, Hamburg, 1999

Krallmann, Hermann; Schönherr, Marten; Trier, Matthias: Systemanalyse im Unternehmen, 5. Auflage, Oldenburg Wissenschaftsverlag GmbH, München, 2007

Krcmar, Helmut: Informationsmanagement, 4. Auflage, Springer-Verlag, Berlin, 2005

Liebhart, Daniel; Schmutz, Guido; Lattmann, Marcel; Heinisch, Markus; Könings, Michael; Kölliker, Mischa; Pakull, Perry; Welkernbach, Peter: Business Communication Architecture Blueprint - Leitfaden zur Konstruktion von Output Management Systemen, 1. Auflage, Carl Hanser Verlag, München, 2008

Österle, Hubert: Business Engineering - Prozeß- und Systementwicklung, 2. Auflage, Springer-Verlag, Berlin, 1995

Prilla, Michael: Wissensmanagement-Unterstützung für die Entwicklung und Nutzung von Prozessmodellen als wissensvermittelnde Artefakte, 1. Auflage, Josef Eul Verlag, Lohmar, 2010

Rump, Frank J.: Geschäftsprozeßmanagement auf der Basis ereignisgesteuerter Prozeßketten, 1. Auflage, B. G. Teubner., Stuttgart, 1999

Scheer, August-Wilhelm: ARIS - Modellierungsmethoden, Metamodelle, Anwendungen, 3. Auflage, Springer-Verlag, Berlin, 1998

Scheer, August-Wilhelm: ARIS - Vom Geschäftsprozeß zum Anwendungssystem, 3. Auflage, Springer-Verlag, Berlin, 1998

Schneider, Gabriel; Geiger, Ingrid Katharina; Scheuring, Johannes: Prozess- und Qualitätsmanagement - Grundlagen der Prozessgestaltung und Qualitätsverbesserung mit zahlreichen Beispielen, Repetitionsfragen und Antworten, 1. Auflage, Compendio Bildungsmedien AG, Zürich, 2008

Seidlmeier, Heinrich: Prozessmodellierung mit ARIS - Eine beispielorientierte Einführung für Studium und Praxis, 3. Auflage, Vieweg und Teubner Verlag, Wiesbaden, 2010

Software   AG: About   Software   AG,   06.   12   2011,
http://www.softwareag.com/corporate/company/companyinfo/overview/default.asp,
Abruf am 06.12.2011

Staud,   Josef: Geschäftsprozessanalyse   -   Ereignisgesteuerte   Prozessketten   und
objektorientierte   Geschäftsprozessmodellierung   für   Betriebswirtschaftliche
Standardsoftware, 2. Auflage, Springer-Verlag, Berlin, 2001

Staud,   Josef: Geschäftsprozessanalyse   -   Ereignisgesteuerte   Prozessketten   und
objektorientierte   Geschäftsprozessmodellierung   für   Betriebswirtschaftliche
Standardsoftware, 3. Auflage, Springer-Verlag, Berlin, 2006